JN099534

税理士のための
相続税
Q&A

税理士法人
日本税務総研

〔編著〕

株式の評価

中央経済社

シリーズのリニューアルについて

　本シリーズは，相続税の税率引上げや基礎控除の引下げ等の大幅改正をふまえて，2014年に全6巻で刊行されました。刊行から6年余を経過した現在，毎年行われる税制改正により全ての巻のいずれかの箇所で改訂が必要となりました。

　つきましては，シリーズ名を『税理士のための相続税Q＆A』と改め，全6巻の体系は維持しつつ，各巻とも，制度改正をふまえた見直しを積極的に行いながら，重要項目あるいは改訂項目に逸早くたどり着けるよう索引を収録するとともに，コラム「スタッフへのアドバイス」を適宜追加することといたしました。

　索引の収録は，旧版から収録されていた『株式の評価』の巻を読まれた方が索引の使い勝手の良さを強く感じられて，全巻への索引収録を熱心に要望されたことに応えた結果です。

　また，「スタッフへのアドバイス」は本シリーズが税理の方のみならず，事務所や法人のスタッフなど多くの方々の役に立つことを編集スタッフが希望したものです。

　世間はいわゆる想定外のコロナ禍で大きな混乱を招いていますが，本シリーズが制度内容の詳細な解説にとどまらず，税理士の方や税理士事務所，税理士法人スタッフの方々にとって，相続税実務を進める際の良きパートナーとなりますことを切に願うところです。

令和2年（2020年）9月

㈱中央経済社

代表取締役社長　山 本　継

はじめに

　本書は，平成26年に「取引相場のない株式の評価明細書」の作成に力点をおいた解説書として発行され，税理士の実務書としてご活用いただいてきました。

　その後，平成27年の相続税率の引上げ，基礎控除の引下げ等による相続税の課税強化を経て，平成30年度には事業承継税制の柱として「非上場株式等についての納税猶予制度」の見直しがなされるなど，取引相場のない株式の評価の重要性はますます高まっています。

　加えて，平成29年4月には，類似業種株式通達が改正されたことから，今般大幅に改訂いたしました。主な改正は，①業種目の分類，②類似比準価格の計算における配当・利益・純資産の比準割合，③会社規模の判定，など評価の根本ともいえる部分で行われており，これは，とりもなおさず類似業種の株価の計算の基となる標本会社である「上場会社の変容」をも意味しています。

　税理士など実務家が行う取引相場のない株式の評価は，大きく，次の2つの局面において行われます。

⑴　相続税等（相続税及び贈与税）の申告実務

⑵　タックス・プランニング（事業承継や相続対策における自社株の評価）

　この2つは前提となる事実が，「確定した事実」か「前提となる事実をコントロールしながら最終的な課税形態を選定」か，という点で異なりますが，いずれも評価通達（財産評価基本通達をいいます。）に基づき正確に評価額を算定し，分析する能力が求められます。

　本書は，入門から実務までわかりやすく説明しておりますので，必ずや多岐にわたる相続ビジネスの各局面にお役立ていただけると思います（評価明細書作成ソフトウェアを使う場合においての，入力誤りの防止にも有効です。）。

　末尾となりますが，本書の刊行の機会をいただいた中央経済社税務編集部の
皆様に心から感謝の意を表したいと存じます。

　令和2年9月

JTMI　税理士法人　日本税務総研

税理士　田　中　耕　司

税理士　小　幡　博　文

税理士　小　島　公　洋

税理士　石　垣　信　一

税理士　石　井　英　行

税理士　宮　地　博　子

目　次

■ スタッフへのアドバイス

比準要素数の判定の際の端数処理　55

配当還元方式で誤りやすい注意点　95

$S_1 + S_2$方式のS_1やS_2の正体　173

原則的評価方式の内容　181

上場株式評価の例外　201

取引相場のない株式の評価の留意点　221

凡　例

相法………相続税法

相令………相続税法施行令

相規………相続税法施行規則

法法………法人税法

法令………法人税法施行令

法規………法人税法施行規則

所法………所得税法

所令………所得税法施行令

所規………所得税法施行規則

措法………租税特別措置法

措令………租税特別措置法施行令

措規………租税特別措置法施行規則

評基通……財産評価基本通達

相基通……相続税法基本通達

法基通……法人税基本通達

所基通……所得税基本通達

措通………租税特別措置法関連通達

相法3①一→相続税法第3条第1項第1号

第1章
取引相場のない株式の評価明細書

I　第1表の1「評価上の株主の判定及び会社規模の判定の明細書」の記載方法

この項のポイントと注意点

1　第1表は，第1表の1で納税義務者である「評価上の株主」が原則的評価方式を適用する株主なのか例外的評価方式を適用する株主なのかを判定します。

■　評価上の株主の判定図

株式の取得者（相続人等）			
同族株主等			同族株主等以外の株主
原則的評価方式			特例的評価方式
一般の評価会社		特定評価会社	会社の規模・種類等の区別なし
大会社	類似業種比準価額方式 （純資産価額が上限）	比準要素数1の会社（注2）	純資産価額（原則） 類似業種比準価額×0.25＋純資産価額(注1)×0.75 選択可能
		株式保有特定会社	純資産価額（原則） 「S₁＋S₂方式」の選択可能
			配当還元方式
中会社　大	類似業種比準価額×0.90＋純資産価額(注1)×0.10	土地保有特定会社	
中会社　中	類似業種比準価額×0.75＋純資産価額(注1)×0.25	開業3年未満の会社 比準要素数0の会社（注3）	純資産価額
中会社　小	類似業種比準価額×0.60＋純資産価額(注1)×0.40 （いずれも純資産価額が上限）		同族株主のうち，経営支配権のない株主や従業員株主等の少数株主が取得した場合の特例的評価方式
小会社	純資産価額（原則） 類似業種比準価額×0.50＋純資産価額(注1)×0.50	開業前又は休業中の会社	開業前又は休業中の会社＆清算中の会社は，常に原則的評価方式による。
		清算中の会社 清算分配見込額の複利現価方式	

（注1）　議決権割合50％以下の同族株主グループに属する株主については，その80％で評価します。

（注2）　直前期を基準として1株当たり配当・利益・簿価純資産のうち，いずれか2つが0で，かつ，直前々期を基準として1株当たり配当・利益・簿価純資産のうちいずれか2以上が0の会社をいいます。

（注3）　直前期を基準として1株当たり配当・利益・簿価純資産の3要素が0の会社をいいます。

　事業内容欄の業種目や取引金額の構成比は，会社規模判定及び類似業種比準価額の算定において重要です。すなわち，評価明細書第第1表の2において，評価会社を「卸売業」，「小売・サービス業」，「卸売業，小売・サービス業以外」のどの業種として会社規模を判定するか，また，評価明細書第4表で類似業種比準価額を算定する時の業種目番号を確定するためにも重要です。業種目の判断如何で評価額が大幅に変動する可能性があり注意が必要です。

2　記入に必要な主な書類は次のとおりです。

（1）　株主名簿

（2）　中心的な同族株主を判別するための，親族図

（3）　グループ法人がある場合には，グループ法人の株主名簿

（4）　法人税及び消費税の申告書　過去3期分

（5）　法人事業概況説明書

（6）　日本標準産業分類の分類項目と類似業種比準価額計算上の業種目との対比表

Q1　代表者氏名等の記載

評価明細書（取引相場のない株式（出資）の評価明細書をいいます。以下，同じ。）の会社の①名称，②本店所在地，③代表者氏名は，いつの時点の内容を書くべきでしょうか。

 課税時期の内容を書きます。

（法令・通達）　評基通178～196

解説 ……………………………………………………………………………

　取引相場のない株式の評価方法は，財産評価基本通達と「取引相場のない株式（出資）の評価明細書の記載方法（以下，「記載方法」といいます。）」に説明があります。これらの記載を探しても，いつの時点の代表者名を記載するのかコメントはありません。理論的観点からは，課税時期の内容を記載しておけば問題はありません。

1　評価明細書はだれがどんなときに使うのか

　相続や遺贈（死因贈与を含みます。）及び贈与により取引相場のない株式や持分会社の出資等を取得した人が相続税や贈与税の申告をするために評価を行う場合に使います。

　なお贈与は，税法の本ではよく「生前贈与」と書きますが，民法的には，贈与とは生きている間に行う贈与契約をいい，わざわざ「生前」と付けることはありません。「もし私が亡くなったら，その時には自宅をあげますよ」というような，死亡を停止条件とする贈与のことは「死因贈与」といって，普通の贈与と区別しますが，民法からみると「生前贈与」というのは，なんとなく違和感があります。本書では「生前贈与」を単に贈与といいます。

2　会社の名称，本店所在地，代表者氏名等はいつの時点を書くのか

　さて，第1表の1ですが，最初に評価する対象の会社の①名称，②本店所在地，③代表者氏名，④課税時期，⑤直前期，⑥事業内容を記入します。ここで悩むのは，代表者の氏名です。代表者が亡くなっているとき（被相続人のとき）は，現在の代表者を書くのかなどと考えてしまいます。名称や本店所在地も，めったにないことではありますが，代表者が亡くなったあとに変更されていたらどの時点の内容を記載するのか，考えてしまいます。評価に直接影響がないこと，被相続人が代表取締役であった場合，後任の代表取締役を選任するまで空白が生ずることもあることから，課税時期の内容（代表者だった被相続人の氏名等）を記載しておけば問題はありません。

【図表1-1】第1表の1

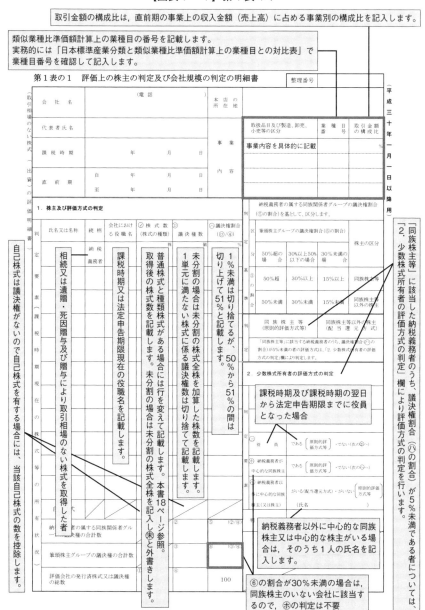

Q2　業種目番号

「事業内容」欄の「業種目番号」はどのように調べたらよいのでしょうか。

A　国税庁のサイトに「**類似業種比準価額計算上の業種目及び業種目別株価等**」が掲載されています。基本は，この表を見て該当する業種目を判断するのですが，総務省統計局が公表している日本標準産業分類と比べると分類項目が少ない（分類が粗い）ので，実務上は，従来から，まず日本標準分類を参照して業種目を確認し，その後「**類似業種比準価額計算上の業種目及び業種目別株価等**」の業種目番号を確認していました。

平成29年に，国税庁は「**（別表）日本標準産業分類の分類項目と類似業種比準価額計算上の業種目との対比表**（平成29年分）（以下，「**対比表**」といいます。）」を公表しました。基本となった日本標準産業分類は，平成25年10月改定（第13回改定）（平成26年4月1日施行）のものです。この表のおかげで上述の一連の作業が対比表を見るだけで確認できます。

日本標準産業分類は数年に一度改定されます。このため，直近の分類表をネットで再確認する作業が必要です（直近では，平成25年10月改定（第13回改定）（平成26年4月1日施行）があり，総務省のサイトに掲載されています。）。なお，この一連の作業には，第4表の類似業種比準価額欄のA～Dまでの数値を移記する作業も含まれます。

（　法令・通達　）　評基通178，179

解説 ………………………………………………………………………

1　業種目番号の一例

自転車小売業を営んでいる会社の評価を行う場合，国税庁の「類似業種比準価額計算上の業種目及び業種目別株価等」（**図表2−1**）では，「自転車小売業」という分類はなく，「機械器具小売業」となります。ところが「日本標準産業分類」（**図表2−2**）の分類項目にはちゃんと「592自転車小売業」として

小分類があるのです。この小分類が属する中分類は「機械器具小売業」です。そうすると，類似業種比準価額の計算上の業種目は「機械器具小売業」であり，業種目番号は83です。

　「類似業種比準価額計算上の業種目」の判別が困難な場合は，「日本標準産業分類」をもとに，対比表（**図表２－２**）を使用して，正しい分類を確実に行うことが重要です。

2　意外と大切な「事業内容」欄の記載

　「**事業内容**」欄は一見簡単なようですが，なかなか意味深い欄です。といいますのは，類似業種比準価額の計算における比準割合の計算に大きく影響があるだけでなく，会社の規模の判定にも影響を及ぼすことがあるからです。卸売からスタートして，いまではネット販売が過半数を超え，小売りの方が多くなったなどという場合には，「卸売業」ではなく，「小売・サービス業」に分類しなければなりません。

　実務では，法人税の申告書別表１の「事業種目」欄の記載を写すままで進むことが多いのですが，「事業種目」欄の記載が法人の事業実態を正しく表していない場合もあります。念を入れて，法人事業概況説明書の「１事業内容」欄や「12事業形態」欄をチェックし，損益計算書の売上の記載などにも注意を払う必要があります。

　類似業種比準価額計算上の業種目及び業種目別株価等は，業種を「建設業」，「製造業」，「電気・ガス・熱供給・水道業，情報通信業」，「運輸業，郵便業」，「卸売業」，「小売業」，「金融業，保険業，不動産業，物品賃貸業」，「専門・技術サービス業，宿泊業，飲食サービス業」，「生活関連サービス業，娯楽業，教育，学習支援業，医療，福祉，サービス業（他に分類されないもの），その他の産業」など９つのカテゴリーに業種目を大分類した後，さらに中分類，小分類に分け業種目番号を振っています。

【図表2－1】類似業種比準価額計算上の業種目及び業種目別株価等（令和元年分）の抜粋

（単位：円）

業　種　目				B	C	D	A（株価）		
大　分　類				配当金額	利益金額	簿価純資産価額	平成30年平均	30 年11月分	30 年12月分
中　分　類	番号	内　　容							
小分類									
小売業		79		4.7	31	223	428	401	379
各種商品小売業		80	百貨店，デパートメントストア，総合スーパーなど，衣・食・住にわたる各種の商品の小売を行うもの	2.3	19	167	267	277	265
織物・衣服・身の回り品小売業		81	呉服，服地，衣服，靴，帽子，洋品雑貨及び小間物等の商品の小売を行うもの	8.9	48	288	620	574	554
飲食料品小売業		82		4.8	29	249	348	342	329
機械器具小売業		83	自動車，自転車，電気機械器具など（それぞれの中古品を含む）及びその部分品，附属品の小売を行うもの	5.1	31	220	307	273	252
その他の小売業		84		4.6	30	220	495	469	442
医薬品・化粧品小売業		85	医薬品小売業，調剤薬局及び化粧品小売業等を営むもの	5.4	46	255	760	762	719
その他の小売業		86	小売業（無店舗小売業を除く）のうち，80から83及び85に該当するもの以外のもの	4.3	25	208	404	368	347
無店舗小売業		87	店舗を持たず，カタログや新聞・雑誌・テレビジョン・ラジオ・インターネット等で広告を行い，通信手段によって個人からの注文を受け商品を販売するもの，家庭等を訪問し個人への物品販売又は販売契約をするもの，自動販売機によって物品を販売するもの及びその他の店舗を持たないで小売を行うもの	2.0	25	172	457	389	357

【図表2-2】「（別表）日本標準産業分類の分類項目と類似業種比準価額計算上の業種目との対比表（平成25年分）の抜粋

日本標準産業分類の分類項目			類似業種比準価額計算上の業種目			規模区分を判定する場合の業種
大　分　類			大　分　類		番号	
	中　分　類			中　分　類		
		小　分　類			小　分　類	
（Ⅰ　卸売業，小売業）			（小売業）			
	59　機械器具小売業					
		591　自動車小売業		機械器具小売業	83	
		592　自転車小売業				
		593　機械器具小売業（自動車，自転車を除く）				
	60　その他の小売業			その他の小売業	84	
		601　家具・建具・畳小売業			その他の小売業	86
		602　じゅう器小売業				
		603　医薬品・化粧品小売業			医薬品・化粧品小売業	85
		604　農耕用品小売業				小売・サービス業
		605　燃料小売業			その他の小売業	86
		606　書籍・文房具小売業				
		607　スポーツ用品・がん具・娯楽用品・楽器小売業				
		608　写真機・時計・眼鏡小売業				
		609　他に分類されない小売業				
	61　無店舗小売業					
		611　通信販売・訪問販売小売業		無店舗小売業	87	
		612　自動販売機による小売業				
		613　その他の無店舗小売業				

Q3　判定の流れ

取得した株式をどの評価方法で評価するのか判定の流れを教えてください。

A　財産評価明細書に即した判定の流れを図示すると**図表3-1**のようになります。

解説　……………………………………………………………………………………

1　株主及び評価方法の判定

　第1表の1は，取得した株式を原則的な評価方法で評価するか，配当還元方式で評価するかを判定するために作成するものです。

2　判定の流れ

　右の判定の流れ図をみてください。最初の目的は，「③株主の区分」を行うことです。「④同族株主等」に該当すると，原則的評価方式（ただし，取得者の持株割合により配当還元となる例外があります。）で評価します。「同族株主等以外の株主」に該当すると配当還元方式で評価します。このために評価明細書第1表の1では「1．株主及び評価方式の判定」を使い，筆頭株主グループと納税者が属する同族関係者グループの2つのグループの議決権割合を算定します。このとき，株主どうしの続柄や，役職名のデータが必要です。次に取得者の持株割合等により同族株主等に該当しても配当還元方式で評価する場合に該当しないかを判定します（流れ図では⑦⑨⑪⑬）。

　流れ図で判定の流れを具体的にみて行きましょう。①筆頭株主グループの議決権割合と②納税者が属する同族関係者グループの議決権割合から③株主の区分を判定します。「①筆頭株主グループ」の議決権割合が「50％超」なら「②納税義務者の属する同族関係者グループ」の議決権割合も「50％超」に該当すると，「④同族株主等」に該当します（50％以下なら「同族株主等以外の株主」に該当。）。同じく①が「30％以上50％以下」なら②も「30％以上」，①が「30％未満」なら②は「15％以上」に該当すると「④同族株主等」に該当するのです。この結果④同族株主等に該当すると，⑤の持株割合に移り（ここからが評価明細書第1表の1では「2．少数株式所有者の評価方式の判定」欄です。），取得者の株数が⑦5％未満で，⑨取得者は役員でなく，⑪取得者は中心的同族株主でなく，⑬取得者以外に中心的同族株主又は中心的株主がいる場合には配当還元方式で評価します。それ以外はすべて原則的評価方式で評価します。

【図表３－１】評価明細書による同族株主等の判定の流れ図

取得した株式の評価方法の判定									
株主及び評価方式の判定	①筆頭株主グループ			③株主の区分	⑤取得者の持株割合等				
					⑥5%以上	⑦5%未満			
						⑧役員である	⑨役員ではない		
							⑩取得者が中心的同族株主	⑪取得者は中心的同族株主ではない	
	50%超	30%以上50%以下	30%未満					⑫取得者以外に中心的同族株主又は中心的株主がいない	⑬取得者以外に中心的同族株主又は中心的株主がいる
②納税義務者の属する同族関係者グループ	50%超	30%以上	15%以上	④同族株主等	原則的評価方式				配当還元方式
	50%未満	30%未満	15%未満	同族株主等以外の株主	配当還元方式				

●左から右に判定していきます。

(注)　財産評価基本通達の定めどおりに作成された判定表（例えば図表20－6）ですと，最初に，納税義務者の属する同族関係者グループの議決権割合が30％以上とか50％超になるかを見て，同族株主か同族株主以外かを判定しますが（いわゆる同族株主のいる会社といない会社の判定），評価明細書は，同族株主ではない場合でも原則的評価方式に該当する15％以上に当たるかを含めて「同族株主等」という概念を用い「③株主の区分」欄で原則的評価方式を適用すべき同族関係者グループを判定していることに留意してください。

Q4　開業前又は休業中の会社

評価明細書の書き方には，評価会社が「開業前又は休業中の会社」に該当する場合には，「１．株主及び評価方式の判定」欄及び「２．少数株式所有者の評価方式の判定」欄を記載する必要はありませんとなっていますが，どうして開業前又は休業中の会社は記載不要なのですか。

評価会社が開業前又は休業中である場合は，純資産価額で評価するから

です（評基通189－5）。開業前又は休業中である会社は，事業を行っていないので配当金額や利益金額などの数値がありません。比準要素の数字がなければ，類似業種比準方式や配当還元方式によって評価することができません。同族株主だけでなく同族株主以外の株主も，評価会社が開業前又は休業中である場合は，純資産価額で評価します（評基通189－5）。

法令・通達　評基通189－5

Q5　「納税義務者」欄

「氏名又は名称」欄の「納税義務者」欄は，納税者1人ずつ記載するのでしょうか。その場合，評価明細書を複数部作らなければなりませんか。

A　「**氏名又は名称**」欄の1行目には，最初に納税義務者を記載します。取引相場のない株式を贈与により取得した場合には，通常納税者は1人ですから迷うことはないのですが，相続税はどうでしょう。父親が亡くなり，配偶者と子どもが各々同族会社の株式を相続するときには納税義務者が複数存することになります。同一の被相続人から取引相場のない株式を相続した者が複数ある場合には，評価明細書を複数作成することになりますが，実務では，複数の納税義務者全員の同族株主判定が同一ならば，相続人の1人を納税義務者名欄に記載した評価明細書を1部作成すれば足ります。

法令・通達　評基通188(1)

Q6　株主の氏名は全員分を記入するのか「株主及び評価方式の判定」欄

当社は株主が100名以上います。氏名又は名称欄には，すべての株主を記載しなければなりませんか。

A　氏名及び名称欄は，株式を取得した**納税義務者が属する同族関係者グ**

ループ^(注)の議決権割合と筆頭株主グループの議決権割合の算定及び「2. 少数株式所有者の評価方式の判定」に使う中心的な同族株主（グループ）や中心的な株主（個人）を抽出するために使用します。これらの目的を達することができる範囲でできるだけ詳細に記入します。株主構成の複雑な会社を評価する場合には，株主名簿を基に，別途**図表6-1**の「株主一覧表」，「議決権割合分析表」の様式を使うと便利です。

（注）　株主の1人及びその同族関係者をいいます。詳細は**Q14**参照。

(法令・通達)　評基通188，188-2

【図表6-1】株主一覧表・議決権割合分析表

（1）　株主名簿を基に，株主一覧表を作ります。

■　株主一覧表　　　　　　　　　　　　　　　　　　　　　　　　年　月　日　現在

① 株主名	② 住 所	③続柄	④持株数	⑤無議決権株数	⑥議決権株数	⑦議決権割合(⑥/⑧)
合　計					⑧	100%

＊　親族株主，持株会，縁故株主，取引先株主の順で記載してください。

（2）　株主一覧表を基に議決権割合分析表を作ります。

■　議決権割合分析表　　　　　　　　　　　　　　　　　　　　　　　　　年　　月　　日　現在

社名			A社		B社		C社	
① 発行済株式総数								
② うち無議決権株式総数								
③ 自社株数								
⑥ 議決権株式総数 （①－②－③）								
グループ法人	グループ法人社名	④持株数	⑤無議決権株数	⑦議決権割合（（④－⑤）/⑥）	⑤無議決権株数	⑦議決権割合（（④－⑤）/⑥）	⑤無議決権株数	⑦議決権割合（（④－⑤）/⑥）
	A							
	B							
	C							
親族グループ	親族名（関係）	⑧持株数	⑨無議決権株数	⑩議決権割合（（⑧－⑨）/⑥）	⑨無議決権株数	⑩議決権割合（（⑧－⑨）/⑥）	⑨無議決権株数	⑩議決権割合（（⑧－⑨）/⑥）
	小　計							
親族外株主	氏名及び関係	⑪持株数	⑫無議決権株数	⑬議決権割合（⑪－⑫）/⑥）	⑫無議決権株数	⑬議決権割合（⑪－⑫）/⑥）	⑫無議決権株数	⑬議決権割合（⑪－⑫）/⑥）
	小　計							

Q7 「続柄」欄はなぜ必要か「株主及び評価方式の判定」欄

納税義務者との続柄を記載するのはなぜですか。

A 納税義務者が取得した株式の評価を，原則的評価で行うのか例外的な評価方法（配当還元方式）で評価するのかを判定するためです。親族が所有している議決権数を集計したり，中心的な同族株主の判定をしたりするのに続柄は欠かせません。

＊　親族とは配偶者及び6親等の血族及び3親等の姻族をいいます。

（法令・通達）　評基通188

【図表7－1】親族図（網掛け部分は中心的な同族株主）

傍系姻族	直系姻族	直系血族	傍系血族

```
                    曾祖父母      曾祖父母                                   尊
                     （3）        （3）                                      属
                    祖父母        祖父母              伯叔
                     （2）        （2）            祖父母（4）
        伯叔父母    父母          父母      配偶者＝伯叔    従伯叔
         （3）     （1）         （1）     （3）  父母（3）  祖父母（5）
        兄弟
        （2）    配偶者＝＝＝本人    兄弟  ＝配偶者  従兄弟    再従兄妹
                                   姉妹（2）（2）  姉妹（4）  （6）
        甥姪      子  配偶者＝子   甥姪（3）＝配偶者
        （3）    （1）（1） （1）          （3）   従姪
                                                   （5）
                 孫  配偶者＝孫   姪孫（4）
                （2）（2） （2）                   従姪孫      卑
                                                   （6）      属
                 曾孫 配偶者＝曾孫 曾姪孫
                （3）（3） （3）（5）
```

（注）　伯叔の区別は父母の兄が伯父，弟が叔父というように父母や祖父母より年齢が上の者が伯，下の者が叔である。

Q8　なぜ役職名が必要なのか「株主及び評価方式の判定」欄

どうして，役職名を書く必要があるのでしょうか。同族会社（取引相場のない株式会社）の役員をしていると，原則的評価方法を適用しなければならないケースが多いと聞いています。どのような場合なら役員をしていても配当還元方式で評価することが可能でしょうか。

A　課税時期現在で株式を取得した者が役員である場合や，取得原因による（相続税や贈与税の）法定申告期限までに役員になる者は，配当還元方式で評価できない場合があるからです。P.34図表20－6をみてください。同族株主のいる会社で，あなたが同族株主でなければ役員をしていても取得した株式は配当還元方式で評価することができます。同族株主のいない会社で，あなたが属する同族関係グループの議決権割合が15％未満ならば役員であっても配当還元方式で評価することができます。

あなたのグループが同族株主等に該当すると，あなたの持株割合が5％未満でも役員ならば原則的評価方式で評価することになります。

株式を所有している株主の会社経営に及ぼす影響力の違いによって評価方法が分かれることになっています。

解説

「会社における役職名」欄には，役員の判定は課税時期だけでなく課税時期の翌月から法定申告期限までの間に役員となる者も含みますから課税時期又は法定申告期限における役職名を記載します。社長，代表取締役，副社長，専務，常務，会計参与，監査役等と記載します。使用人兼務役員になれる（いわゆる）平取締役は，評価明細書上は役員に入りませんから，使用人兼務役員等と注記すると便利です。

Q9　使用人兼務役員になれる平取締役の扱い「株主及び評価方式の判定」欄
平取締役は「役員」の範囲に入りますか。

A　委員会設置会社以外の平取締役は「役員」の範囲に入りません。取引相場のない株式を評価する場合，役員であるとQ8のように原則的評価を行わなければならないケースが多く発生します。この場合の「役員」とは，社長，理事長のほか，以下の者をいいます。

① 　代表取締役，代表執行役，代表理事及び清算人

② 　副社長，専務，常務その他のこれらに準ずる職制上の地位を有する役員

③ 　取締役（委員会設置会社の取締役に限る。*），会計参与及び監査役並びに監事

＊ 　委員会設置会社の取締役以外の平取締役は使用人兼務役員になることができますから，この場合の役員には入りません（法令71①一）。

Q10　種類株式や単元株制度に注意
株式数（株式の種類），議決権数，議決権割合欄の記入について注意する点がありますか。

A　「㋑株式数（株式の種類）」の各欄には，相続，遺贈又は贈与による取得後の株式数を記載します。評価会社が種類株式（会社法108①）を発行している場合には，次のとおり記載します。評価会社が種類株式を発行していない場合には，株式の種類の記載を省略しても差し支えありません。

① 　「㋑株式数（株式の種類）」欄の各欄には，納税義務者が有する株式の種類ごとに記載するものとし，上段に株式数を，下段に株式の種類を記載します（**図表10－1**記載例参照）。

② 　「㋺議決権数」の各欄には，株式の種類に応じた議決権数を記載します

（議決権数は④株式数÷その株式の種類に応じた1単元の株式数により算定
し，1単元に満たない株式に係る議決権数は切り捨てて記載します。なお，
会社法第188条に規定する単元株制度を採用していない会社は，1株式＝1
議決権となります。）。

③　「㋬議決権割合（㋺／④）」の各欄には，評価会社の議決権の総数（④欄の
議決権の総数）に占める議決権数（それぞれの株主の㋺欄の議決権数で，2
種類以上の株式を所有している場合には，記載例のように，各株式に係る議
決権数を合計した数）の割合を1％未満の端数を切り捨てて記載します（「納
税義務者の属する同族関係者グループの議決権の合計数（⑤（②／④））」欄
及び「筆頭株主グループの議決権の合計数（⑥（③／④））」欄は，各欄にお
いて，1％未満の端数を切り捨てて記載します。なお，これらの割合が50％
超から51％未満までの範囲内にある場合には，1％未満の端数を切り上げて
「51％」と記載します。）。

【図表10－1】

氏名又は名称	続柄	会社における役職名	④株式数 （株式の種類）	㋺ 議決権数	㋬議決権割合 （㋺／④）
財務一郎	納税 義務者	社長	株 10,000,000 （普通株式）	個 10,000	％ 14
〃	〃	〃	20,000,000 （種類株式A）	4,000	

（注）　上記の「**議決権の合計数**」には，財産評価基本通達188－5の「株主総会の
一部の事項について議決権を行使できない株式に係る議決権の数」を含めま
す（Q11参照）。

Q11　種類株式がある場合の議決権総数等

種類株式がある場合の議決権総数等はどのようにカウントするのでしょうか。

 　評価会社が種類株式を発行しているときは，議決権の数又は議決権総数

の判定にあたっては，種類株式のうち株主総会の一部の事項について議決権を行使できない株式に係る議決権の数を含めるものとされています（評基通188－5）。

法令・通達　会社法108①

解説 ……………………………………………………………………

　平成13，14年の商法改正により，株主総会におけるすべての事項について議決権を行使できない無議決権株式や一部の事項について議決権を行使できない議決権制限株式など株式の多様化が図られました。株式の種類ごとに1単元の株式の数を定める単元株制度も認められました。これにより，同族株主以外の株主等が取得した株式（配当還元方式が適用される株式）であるか否かの判定基準が「持株割合」から「議決権割合」に変更されました。

　議決権制限株式については，会社の定款に株主総会で決議できる事項を定めることができるようになり，普通株式と同程度の議決権を有する株式から，ほとんどの事項に議決権を有せず，無議決権株式に類似する株式まで，様々な形態のものを発行することができるようになりました。そのため，普通株式とともに議決権制限株式を評価会社が発行している場合における議決権割合については，議決権の制限の内容に応じ議決権割合を判定すべきものとも考えられます。

　しかし，制限された範囲内で会社経営に関与することも可能であり，また，議決権を行使できる事項によって議決権割合を調整することは困難な場合が多く，議決権制限株式については，普通株式と同様の議決権があるものとして取り扱われることとされています。

Q 12　単元株制度

単元株制度は，議決権のカウントに影響しますか。

　単元未満株式については議決権がありませんから，単元株制度は議決権

のカウントに影響します。単元株制度は，会社が一定の数の株式をもって，１単元の株式とする旨を定める（ただし，１単元の株式の数は1,000株を超えることはできません。）ことにより，１単元の株式につき１個の議決権を与えることとする制度です（単元未満株式については議決権がありません。）。また，数種類の株式を発行するときは，株式の種類ごとに１単元の株式の数を定款により定めなければならないとするものです。

(法令・通達)　会社法188①，③，189①

Q 13　議決権割合

なぜ，50％超から51％未満は切り上げて51％と記載するのですか。

A　筆頭株主グループの議決権割合が50％超ならば，他の同族関係者グループの議決権割合が30％以上でも，他の同族関係者グループに属する納税者は同族株主から外れ，配当還元方式で評価するからです。

Q 14　同族関係者グループ

同族関係者グループとは，どのようなグループですか。

A　同族関係者グループとは，株主の１人（納税義務者に限りません。）とその同族関係者のグループをいいます。この場合の同族関係者とは，個人たる同族関係者と法人たる同族関係者があります。

　個人たる同族関係者とは，株主の１人とその配偶者，６親等内の血族及び３親等内の姻族や内縁の妻などをいいます（P.15**図表７－１**参照）。

　法人たる同族関係者の規定は，後述するように複雑ですが，法人たる同族関係者とは，簡単にいえば，**図表14－１**のとおり，株主の１人と配偶者及び親族が議決権数の過半数を有する会社をいいます。

（ 法令・通達 ）　法令4　評基通188，188−2

【図表14−1】株主の1人と個人たる同族関係者と法人たる同族関係者

参考：森富幸著『取引相場のない株式の税務（第2版）』10頁

解説 ···

　株式を評価する場合において，同族株主がいる会社又は同族株主に該当するかどうかは，同族関係者を含めて判定をします。この場合の同族関係者とは，次の者をいうこととされています。

1　株主等と特殊な関係にある個人

　イ　株主等の親族（配偶者，6親等内の血族及び3親等内の姻族）

　ロ　株主等と婚姻の届出をしていないが事実上婚姻関係と同様の事情にある者

　ハ　株主等（個人である株主等に限る。ニに同じ。）の使用人

　ニ　イからハまでの者以外の者で株主等から受ける金銭その他の資産によって生計を維持しているもの

　ホ　ロからニに掲げる者と生計を一にするこれらの者の親族

2　株主等と特殊な関係にある法人（同族関係法人）

　イ　株主等の1人が他の会社（同族会社かどうかを判定しようとする会社以外の会社をいいます。以下ロ及びハに同じ。）を支配している場合におけるその他の会社

　ロ　株主等の1人及びこれと特殊の関係にある上記イの会社が他の会社を支配している場合におけるその他の会社

　ハ　株主等の1人並びにこれと特殊の関係にある上記イ及びロの会社が他の会社を支配している場合におけるその他の会社

　（注）　上記イからハに該当する「他の会社を支配している場合」とは，次に掲げる場合のいずれかに該当する場合をいいます。

　　（イ）　他の会社の発行済株式又は出資（自己の株式又は出資を除く。）の総数又は総額の50%超の数又は金額の株式又は出資を有する場合

　　（ロ）　他の会社の次に掲げる議決権のいずれかにつきその総数（その議決権を行使することができない株主等が有するその議決権の数を除く。）の50%超の数を有する場合

　　　①　事業の全部若しくは重要な部分の譲渡，解散，継続，合併，分割，株式交換，株式移転又は現物出資に関する決議に係る議決権

　　　②　役員の選任及び解任に関する決議に係る議決権

　　　③　役員の報酬，賞与その他の職務執行の対価として会社が供与する財産上の利益に関する事項についての決議に係る議決権

　　　④　剰余金の配当又は利益の配当についての決議に係る議決権

　　（ハ）　他の会社の株主等（合名会社，合資会社又は合同会社の社員（当該他の会社が業務を執行する社員を定めた場合にあっては，業務を執行する社員）に限る。）の総数の半数を超える数を占める場合

　ニ　上記イからハの場合に，同一の個人又は法人の同族関係者である2以上の会社が，判定しようとする会社の株主（社員であることを含む。）である場合には，その同族関係者である2以上の会社は，相互に同族関係者であるものとみなされます。

　なお，個人又は法人との間でその個人又は法人の意思と同一の内容の議決権を行使することに同意している者がある場合には，その者が有する議決権はその個人又は法人が有するものとみなし，かつ，その個人又は法人がその議決権に係る会社の株主等でない場合には，その個人又は法人をその議決権に係る会社の株主等であるものとみなして，他の会社を支配しているかどうかを判定します。

【考え方】

　平成18年度の法人税法関係法令（法人税法，同法施行令及び同法施行規則をいう。以下同じ。）の改正により，同族会社か否かを判定する際の「特殊の関係のある法人」については，判定をしようとする会社の株主である個人又は法人が「他の会社を支配しているかどうか」によることとされ，発行済株式数の50％超保有の基準のほかに，議決権の数による判定が加えられています。

　具体的には，P.22ハ（ロ）①〜④に掲げる議決権のいずれかにつき，その総数の100分の50を超える数の議決権を有する場合には，「他の会社を支配している」場合に該当することとされている（法令4③二）ことに留意する必要があります。

【図表14−2】同族関係者グループ

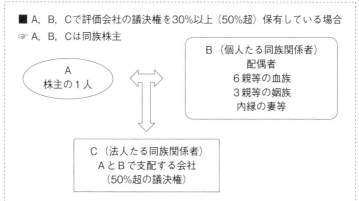

■ A，B，Cで評価会社の議決権を30％以上（50％超）保有している場合
☞ A，B，Cは同族株主

A　株主の1人

B（個人たる同族関係者）
配偶者
6親等の血族
3親等の姻族
内縁の妻等

C（法人たる同族関係者）
AとBで支配する会社
（50％超の議決権）

Q15　遺産が未分割である場合の議決権割合の判定
議決権のカウントに影響を与える注意しなければならない事項

遺産が未分割の状況において，取引相場のない株式を評価する場合，各相続人に適用されるべき評価方式を判定するにあたり，その株式取得後の議決権の数はどのように計算すべきでしょうか。

A　取引相場のない株式は，純資産価額方式，類似業種比準価額方式又はこ

れらの併用方式により評価することを原則としています（原則的評価方式）。少数株主が取得した株式については，特例的な措置として配当還元方式により評価することとしています（特例的評価方式）。

　遺産未分割の状態は，遺産の分割により具体的に相続財産を取得するまでの暫定的，過渡的な状態であり，将来，各相続人等がその法定相続分等に応じて確定的に取得するとは限りません。そこで，その納税義務者につき**特例的評価方式を用いることが相当か否かの判定は，当該納税義務者が当該株式の全部を取得するものとして行う必要があります。**

　なお，当然のことながら，各相続人が申告する未分割株式数は，法定相続分で計算します。

（ 法令・通達 ）　相法55，評基通188

解説 ⋯⋯⋯⋯⋯⋯⋯⋯⋯⋯⋯⋯⋯⋯⋯⋯⋯⋯⋯⋯⋯⋯⋯⋯⋯⋯⋯⋯⋯⋯⋯⋯⋯

●株式が未分割の場合の評価明細書の記載方法

　「①株式数（株式の種類）」欄には，納税義務者が有する株式（未分割の株式を除きます。）の株式数の上部に，未分割の株式の株式数を㊤と表示の上，外書で記載し，納税義務者が有する株式の株式数に未分割の株式の株式数を加算した数に応じた議決権数を「ロ議決権数」に記載します。また，「納税義務者の属する同族関係者グループの議決権の合計数（⑤（②／④））」欄には，納税義務者の属する同族関係者グループが有する実際の議決権数（未分割の株式に応じた議決権数を含みます。）を記載します。

Q 16 持合株式の議決権
議決権のカウントに影響を与える注意しなければならない事項

評価会社が，他の会社の25％以上の株式を有する場合の持合株式についての議決権について会社法上の制限がありますか。

A 無議決権株式を発行していない会社でも，グループ法人があり株式を持合いしている場合には次の点について注意が必要です。

A社がA社の株主であるB社の発行済議決権株式総数の４分の１以上を保有している場合には，B社は，所有するA社の株式において議決権を行使できません。

（法令・通達）　会社法308①，会社施行規則67

解説 ……………………………………………………………………

● 評価会社の株主のうちに会社法第308条第１項の規定によりその株式につき議決権を有しないこととされる会社がある場合の評価明細書の記載方法

「氏名又は名称」欄には，その会社の名称を記載します。「④株式数（株式の種類）」欄には，議決権を有しないこととされる会社が有する株式数を㊟と表示の上，記載し，「⑭議決権数」欄及び「㋩議決権割合（⑭／④）」欄は，「－」で表示します。

【図表16－1】 会社法の「相互保有株式の議決権制限」

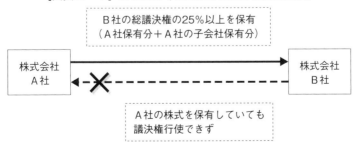

Q 17　自己株式を有する場合の議決権割合
議決権のカウントに影響を与える注意しなければならない事項

評価会社が自己株式を有する場合の議決権割合はどのように計算しますか。

A　評価会社が自己株式を有している場合には，評価上の株主区分の判定は，自己株式に係る議決権数を零として計算した議決権の数をもって判定します。

（法令・通達）　会社法113④かっこ書，308②「自己株式の議決権」
　　　　　　　　評基通188－3

解説 ………………………………………………………………………………

1　発行済株式数の算定の趣旨

　会社法第308条第2項の規定により自己株式について議決権を有しないこととされるのは，評価会社の意向を受けた議決権の行使がされることによって総会決議が歪められるという弊害があるためで，議決権を有しないこととされる相互保有している場合の株式と同様の考え方によるものです。

2　評価会社が自己株式を有する場合の評価明細書の記載方法

　「①株式数（株式の種類）」欄の「自己株式」欄に会社法第113条第4項に規定する自己株式の数を記載します。

Q 18　投資育成会社が株主である場合の株主区分の判定

投資育成会社が株主である場合の株主区分の判定はどのように行いますか。

A　評価会社の株主のうちに中小企業投資育成株式会社（中小企業投資育成株式会社法（昭和38年法律第101号）に基づいて設立された法人をいい，以下「投資育成会社」といいます。）があるときの株主区分の判定は，次によります。

① 　投資育成会社が同族株主に該当し，かつ，投資育成会社以外に同族株主に該当する株主がいない場合には，その投資育成会社は同族株主に該当しないものとして評価上の株主区分の判定を行います。

② 　投資育成会社が，中心的な同族株主又は中心的な株主に該当し，かつ，その投資育成会社以外に中心的な同族株主又は中心的な株主に該当する株主がいない場合には，その投資育成会社は中心的な同族株主又は中心的な株主に該当しないものとして評価上の株主区分の判定を行います。

③ 　上記①及び②において，評価会社の議決権総数から投資育成会社の有する議決権の数を控除した数をその評価会社の議決権総数とした場合に同族株主に該当することとなる者があるときは，その同族株主に該当することとなる者以外の株主が取得した株式については，上記①及び②にかかわらず，「同族株主以外の株主等が取得した株式」に該当します。

（注）　上記③の「議決権総数」及び「議決権の数」には，財産評価基本通達188－5の「株主総会の一部の事項について議決権を行使できない株式に係る議決権の数」を含めます。

（法令・通達）　評基通188－6

解説 ‥‥‥

1 　評価会社の株主のうちに投資育成会社がある場合は，投資育成会社を「同族株主に該当しないもの」として取り扱うこととされています。これは，投資育成会社は，議決権を有するものの，次のとおり，投資先企業を支配することを目的として株式投資を行うものではないと認められるためです。

（1）　投資育成会社は，中小企業の自己資本の充実を促進し，その健全な成長発展を図るため，中小企業に対する投資等の事業を行うことを目的として中小企業投資育成株式会社法に基づいて設立された会社です。

（2）　投資育成会社は，投資先企業の株式を公開することが可能となった場合には，原則として，公開にあたっての売出し又は値付けのための株式として売却したり，公開後に証券市場を通じて売却して処分することとされ，また，

株式の公開の見通しがない場合において保有する株式を処分するときは，原則として，投資先企業の自主性を失わせないよう配慮しつつ機関投資家等に売却することとされています。

2 また，「投資育成会社の有する株式数を控除した数をその評価会社の発行済株式数として」の判定を行うのは，投資育成会社による投資がないものとした場合に，本来，同族株主以外の株主として特例的評価方式を適用すべき株主が，「投資育成会社は同族株主に該当しないもの」とする取扱いにより評価会社が同族株主のいない会社となることにより，原則的評価方式を適用することとなるのは必ずしも適当ではないためです。

3 「中心的な同族株主」の考え方は，「同族株主」の考え方と同様に持株割合に基づく支配関係を拠り所としていることから，投資育成会社が「中心的な同族株主」の基準に該当するときの取扱いについても，投資育成会社が「中心的な同族株主」に該当し，かつ，投資育成会社以外に「中心的な同族株主」に該当する同族株主がいない場合には，その投資育成会社は「中心的な同族株主」に該当しないものとして取り扱うことを明確にしたものとされています。

また，同族株主のいない会社における「中心的な株主」の考え方についても同様の取扱いとされています。

Q19 財産評価基本通達の取引相場のない株式の評価理論 原則的評価方式等か配当還元方式か

財産評価基本通達における取引相場のない株式の評価はどのような順序で行いますか。

A 取引相場のない株式（出資）の評価は，議決権総数と納税義務者の議決権割合を確定させた後，評価会社が同族株主のいる会社かいない会社かを判定します。同族株主のいる会社では，納税義務者が同族株主に該当するか，同族

株主以外の株主に該当するかを判定し，その結果，取得した株式の評価を財産評価基本通達が用意した，①純資産価額方式，②類似業種比準方式，③併用方式（①～③を原則的評価方式といいます。）及び④配当還元方式のいずれかの方法で行うかを判定します。同族株主に該当しても，取得後の議決権割合が5％未満であり，取得者が中心的な同族株主に該当せず，他に中心的な同族株主がいる場合には，取得者が役員でなければ配当還元方式を適用できるなど判定方法は複雑です。

　同族株主のいない会社では，納税義務者が属する同族関係者グループの持株割合が15％以上に該当するかを判定します。15％以上のグループに属している場合には，同族株主である場合と同様に，取得後の議決権割合が5％以上か，単独で10％以上議決権を有している中心的な株主がいるか，取得者は役員かなどによりどの評価方式を適用するか判定します。

Q 20　評価方法の判定の仕組み

財産評価基本通達が定める取引相場のない株式の判定の仕組みはどのようになっていますか。

A　次のとおりです。

（1）　議決権総数と納税義務者の議決権割合の確定

　各株主は，原則として1株に付き1個の議決権を有するとされていますが（会社法308①），持合株式，単元未満株式，無議決権株式^(注)などのように議決権を有しない株式については，これを除外して評価会社の議決権総数を確定させた上で，納税義務者の議決権割合（評価対象株式を取得した後の割合）を確定させる必要があります。

　（注）　議決権制限株式は，「株主の有する議決権数」及び「評価会社の議決権数」に含めることに注意してください。

（2）　評価通達は，同族株主のいる会社かいない会社かを区分し判定

　財産評価基本通達では最初に，筆頭株主グループの議決権割合を使い，**評価会社が同族株主のいる会社か同族株主のいない会社かを判定**します。筆頭株主グループの議決権割合が50％超に当たる場合と30％以上50％以下の区分のいずれかに当たれば同族株主のいる会社に該当します。筆頭株主グループの議決権割合が30％未満であれば，同族株主のいない会社に該当します。

【図表20－1】 同族株主のいる会社といない会社の判定基準

筆頭株主グループの議決権割合		
50％超	30％以上50％以下	30％未満
同族株主のいる会社		同族株主のいない会社

①　同族株主とは

　同族株主とは，課税時期におけるその株式の発行会社の株主のうち，株主の1人及びその同族関係者の有する議決権の合計数が，発行会社の議決権総数の30％以上である場合におけるその株主及びその同族関係者をいいます。ただし，その会社に議決権割合50％超のグループがある場合には，そのグループに属する株主だけが同族株主となります。

　この場合の「株主の1人」とは，納税義務者に限りません。

　（注）　同族株主のいる会社か否かの判定をする場合における「同族株主」の判定は，納税義務者を中心に行うのではなく，納税義務者を含めた株主の1人を中心にして判定することに留意が必要です。

　法人税法では，会社が同族会社であるかどうかを判定します。法人税法は，3グループ（株主の3人とその同族関係者）の所有する株式総数が会社の発行済株式数の50％超に該当する場合にはその会社は同族会社としているのですが，この規定は，会社が同族会社であるかどうかを判定するためのものであって，株主が同族株主であるかどうかを判定するためのものではありません。3グループで50％超を占めている場合には，その会社は同族支配的経営が行われるとするものです。友人A，B，Cが3人で出資して株式会社を作ると，法人税

法上その会社は同族法人なのです。

　株式を評価する場合には，評価しようとする株式の取得者が同族支配株主であるかどうかを判定します。

　会社を支配するためには，一族でその会社の議決権総数の過半数を占めるか，過半数を占めなくても相当数の議決権を所有するかが必要です。同族株主の範囲を議決権総数の30％以上としているのは，法人税法における同族会社が３グ

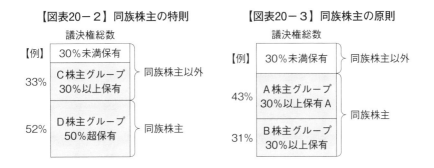

【図表20－2】同族株主の特則

【図表20－3】同族株主の原則

【図表20－4】筆頭株主グループの議決権割合と判定株主グループの議決権割合

筆頭株主グループの議決権割合					
50％超	30％以上50％以下		30％未満		
同族株主のいる会社			同族株主のいない会社		
判定株主グループの議決権割合					
50％以下	50％超	30％以上50％以下	30％未満	15％以上30％未満	15％未満
同族株主以外の株主	同族株主		同族株主以外の株主	議決権割合が15％以上の株主グループに属する株主	議決権割合が15％未満の株主グループに属する株主

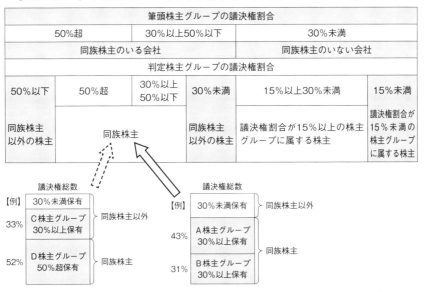

ループで50％超を占める場合とされており，１グループの議決権所有割合がお
おむね17％を中心として考えられていることに着目し，そのおおむね２倍を目
安としたものとされています。

② 評価明細書の「判定基準」の特殊性

　評価明細書の「判定基準」欄は，同族株主のいる会社の**同族株主**と，いない
会社の15％以上30％未満を有する株主グループを一緒に「**同族株主等**」として
判定しています（P.11**図表３－１**参照）。

　財産評価基本通達の規定と，評価明細書の「判定基準」欄は少し異なります。
この理由は，「判定基準」欄の「**同族株主等**」という用語にあります。財産評
価基本通達に定める**同族株主**は上述のとおり，「**課税時期における評価会社の
株主のうち，株主の１人及びその同族関係者**（法人税法施行令第４条《同族関
係者の範囲》に規定する特殊の関係のある個人又は法人をいう。以下同じ。）
の有する議決権の合計数がその会社の議決権総数の30％以上（その評価会社
の株主のうち，株主の１人及びその同族関係者の有する議決権の合計数が最も
多いグループの有する議決権の合計数が，その会社の議決権総数の50％超で
ある会社にあっては，50％超）である場合におけるその**株主及びその同族関
係者をいう**」とされています（評基通188⑴）。

　ところが，配当還元方式で評価する同族株主以外の株主には「**同族株主のい
ない会社の株主のうち，課税時期において株主の１人及びその同族関係者の有
する議決権の合計数が，その会社の議決権総数の15％未満である場合におけ
るその株主の取得した株式**」とする規定も存し，同族株主のいない会社でも議
決権割合が15％以上（当然30％未満）を有する判定株主グループに該当すると，
原則的評価により評価することとされています（評基通188⑶）。評価明細書は，
同族株主等という用語で，①同族株主に該当する株主と②基本通達上は同族株
主に該当しないけれども原則的評価方式による株主を一括りにして判定してい
るのです。

【図表20－５】

筆頭株主グループの議決権割合						
50%超	30%以上50%以下		30%未満			
同族株主のいる会社			同族株主のいない会社			
判定株主グループの議決権割合						
50%以下	50%超	30%以上50%以下	30%未満	15%以上30%未満		15%未満
同族株主以外の株主	同族株主		同族株主以外の株主	議決権割合が15%以上の株主グループに属する株主		議決権割合が15%未満の株主グループに属する株主

> 同族会社のいない会社で15%以上30%未満の判定グループに属する株主は，一部の例外を除き，原則的評価方式により評価する対象となります。

（3）　同族株主のいる会社

　納税義務者が属する同族関係者グループ（以下，「判定株主グループ」といいます。）の議決権割合を筆頭株主グループの議決権割合に応じ判定します。

①　筆頭株主グループの議決権割合が50%超なら，納税義務者が属する判定株主グループの議決権割合も50%超に該当しなければ，納税義務者は同族株主になりません。

②　筆頭株主グループの議決権割合が30%以上50%未満ならば，議決権割合が30%以上の納税義務者が属する判定株主グループは，同族株主に該当します。

③　同族株主グループに属し，5%以上の議決権を有する株主は，原則的評価方式を適用します（**図表20－6**）。

④　同族株主グループに属し，5%未満の議決権を有する株主の評価方法は中心的な同族株主がいるかどうかにより異なります（**図表20－6**）。

　イ　中心的な同族株主がいない場合は，同族株主グループに属するすべての株主は，原則的評価方式を適用します。

　ロ　中心的な同族株主がいる場合は，次のとおりです。

　（イ）　納税義務者自身が（5％未満の議決権しか有しなくとも）中心的な
　　　　同族株主等であれば，原則的評価方式を適用します。
　（ロ）　納税義務者自身が中心的な同族株主等でなくとも役員又は法定申告
　　　　期限までに役員となる株主ならば原則的評価方式を適用します。
　ハ　その他の株主…特例的評価方式

（4）　同族株主のいない会社
①　納税義務者及びその同族関係者の有する議決権の合計
　イ　15％未満の株主グループに属する株主…特例的評価方式
　ロ　15％以上の株主グループに属する株主…次の②で判定します。
②　15％以上の株主グループに属し，
　イ　5％以上の議決権を有する株主…原則的評価方式
　ロ　5％未満の議決権を有する株主…次の③で判定します。
③　中心的な株主がいるかどうかの判定
　イ　中心的な株主がいない場合…15％以上の株主グループに属するすべての
　　　株主…原則的評価方式
　ロ　中心的な株主がいる場合…次の④で判定します。

【図表20－6】財産評価基本通達に基づいた判定表

株主の態様					評価方法
同族株主のいる会社	同族株主30％以上（50％超）	取得後の議決権割合5％以上の株主			(原則的評価方式)純資産価額方式には80％評価の特例が適用される場合がある。
		取得後の議決権割合5％未満の株主	中心的な同族株主がいない場合		
			中心的な同族株主（25％以上）がいる場合	中心的な同族株主	
				役員又は役員となる株主	
				その他の株主	(特例的評価方式)
	同族株主以外の株主				
同族株主のいない会社	議決権割合の合計が15％以上のグループに属する株主	取得後の議決権割合5％以上の株主			(原則的評価方式)純資産価額方式には80％評価の特例が適用される場合がある。
		取得後の議決権割合5％未満の株主	中心的な株主がいない場合		
			中心的な株主（10％以上）がいる場合	役員又は役員となる株主	
				その他の株主	(特例的評価方式)
	議決権割合の合計が15％未満のグループに属する株主				

④　中心的な株主がいる場合の判定

　　イ　役員又は役員となる株主…原則的評価方式

　　ロ　その他の株主…特例的評価方式

（5）　配当還元方式の趣旨

　オーナー社長の親族であり，判定上は同族株主に当たっても，持株数が少なく事業経営への影響の少ない同族株主の一部や従業員株主，取引先株主などのような少数株主が取得した株式については，実質的な価値は，配当を受け取るだけの価値にすぎません。

　このような株式は，手間をかけて評価する実益もなく，財産評価基本通達は，評価手続きの簡便性をも考慮して，本来の評価方式に代えて，特例的な評価方式である配当還元方式によることとしています。

（法令・通達）　評基通188，188-2

> ■同族株主のいる会社の同族株主でも，次のすべての要件に該当する支配権のない同族株主が取得した株式の評価には，配当還元方式を適用できます。
> 　□取得者個人の取得後の議決権割合は5％未満である
> 　□中心的な同族株主がいる
> 　□取得者は中心的な同族株主ではない
> 　□取得者は役員でなく，法定申告期限までに役員となる者でもない

Q21　中心的な同族株主

中心的な同族株主とは，どのような概念ですか。

A　「中心的な同族株主」とは，課税時期において同族株主の1人並びにその株主の配偶者，直系血族，兄弟姉妹及び1親等の姻族（これらの者の同族関係者である会社のうち，これらの者が有する議決権の合計数がその会社の議決

権総数の25％以上である会社を含む。）の有する議決権の合計数がその会社の議決権総数の25％以上である場合におけるその株主をいいます（評基通188(2)）。

【図表21－1】中心的な同族株主

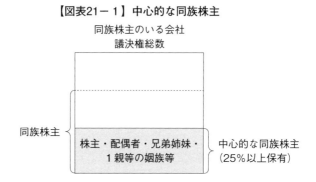

① 同族株主による支配が行われている会社にあっては，会社経営者とその配偶者，直系血族等が大半の議決権を保有しているのが一般的ですから，同じ同族株主であっても少数の議決権しか保有していない者の取得株式について，中心的な同族株主と同じ評価方式を適用することは適当ではないので，これらの者を区分するために設けられたのが「中心的な同族株主」という概念です。

② 30％以上のグループに属する株主のうち，5％未満の株主は，中心的な同族株主がいない場合には，全員原則的評価方式を適用して評価します。中心的な同族株主がいる場合でも，取得者が中心的な同族株主に該当すれば原則的評価方式で評価されます。他に中心的な同族株主がいる場合で，かつ，取得者が中心的同族株主以外であれば役員（注）でない限り配当還元方式で評価します。

③ 株式の取得者が「中心的な同族株主」になるか否かの判定には注意が必要です。「同族株主」の場合のように，同族株主グループに含まれていれば，すべて同族株主と判定されるのとは異なり，株式の取得者が，中心的な同族株主の判定の基礎となっている場合でも，その株式取得者を基準として判定した場合には，中心的な同族株主とならないこともあるので，注意をする必

要があります。言い換えれば，「中心的な同族株主」か否かの判定は，株主
1人ごとに行わなければならないということです。

④　「中心的な同族株主」に該当するかどうか，議決権保有割合が5％未満で
あるかどうかなどについては，すべて課税時期，すなわち相続等による株式
取得後の状況において判定します（評基通188(2)）。

【図表21－2】判定者ごとに異なる中心的な同族株主の範囲表

判定者	中心的な同族株主の範囲					議決権割合	判定
	父A	母B	長男C	次男D	次男の長男E		
父A	20%	2%	1%	1%	1%	25%	○
母B	20%	2%	1%	1%	1%	25%	○
長男C	20%	2%	1%	1%	－	24%	×
次男D	20%	2%	1%	1%	1%	25%	○
次男の長男E	20%	2%	－	1%	1%	24%	×

（注）　役員の範囲：『役員』とは，社長，理事長，副社長，代表取締役，専務取締
役，専務理事，常務取締役，常務理事その他これらの者に準ずる役員並びに
監査役及び監事をいいます。一般の取締役は原則として含まれません。課税
時期の翌日から相続税や贈与税の法定申告期限までの間に役員となる者の取
得した株式については，原則的評価方式により評価します（評基通188(2)）。

Q22　「5％」保有の根拠

取得者以外に中心的な同族株主がいる場合でも，取得者が同族株主に属し，
取得者の取得後の議決権数が5％以上であると，原則的評価方式が適用され
るように規定されています。議決権を5％有していれば会社法上特に異なっ
た株主権の行使ができるなど「5％」という議決権数を境に原則的評価方法
を採用することになんらかの法的な根拠があるのでしょうか。

A　特に会社法上の根拠はなさそうです。ちなみに議決権保有割合と少数株
主権の関係は**図表22－1**のとおりです。財産評価基本通達は，配偶者及び6
親等の血族と3親等の姻族を「親族」という概念でとらえ，親族間で合従連衡

を繰り返すことにより租税回避を図る可能性を視野に入れているものと考えられます。6親等という，日常的にはほとんど交流のない遠戚の者が所有する株式についても個人で5％以上保有する場合には原則的評価方式によることとして同族関係者の範囲を規定していることは，相続税の申告やタックス・プランニングにおいて留意すべきことの1つです。

【図表22－1】議決権保有割合と少数株主

議決権保有割合	権利・権限
10％以上（10分の1以上）	○ 解散請求権（会社法833条）
3％以上（100分の3以上）	● 総会招集請求権（会社法297条） ● 役員の解任請求権（会社法854条） ○ 業務財産検査役選任請求権（会社法358条） ○ 会計帳簿閲覧請求権（会社法433条）
1％以上（100分の1以上） or 300個以上	● 総会検査役選任請求権（会社法306条） ● 株主提案権（会社法303～305条）

（出典）大和総研制度調査部作成
（注）●は6ヶ月の保有要件あり。

Q23　中心的な株主

同族株主のいない会社における「中心的な株主」とは，いかなる概念ですか。

A　「中心的な株主」とは，次の①と②の要件を満たす株主をいいます。
① 同族株主のいない会社の株主であること
② 課税時期において株主の1人及びその同族関係者の有する議決権の合計数がその会社の議決権総数の15％以上である株主グループのうち，いずれかのグループに単独でその会社の議決権総数の10％以上の議決権を有している株主がいる場合におけるその株主をいいます（評基通188(4)）。

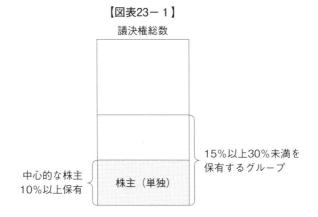

【図表23-1】

Q24　配当還元方式で評価できる株主

同族株主のいない会社の株主です。取得した株式が配当還元方式で評価できる株式はどんな株主が取得した株式ですか。

A　次の2種類です。

①　同族株主のいない会社の株主のうち，課税時期において株主の1人及びその同族関係者の有する議決権の合計数が，その会社の議決権総数の15％未満である場合におけるその株主の取得した株式

②　中心的な株主がおり，かつ，同族株主のいない会社の株主のうち，課税時期において株主の1人及びその同族関係者の有する議決権の合計数がその会社の議決権総数の15％以上である場合におけるその株主で，その者の株式取得後の議決権の数がその会社の議決権総数の5％未満であるもの（役員である者及び役員となる者を除く。）の取得した株式

（　法令・通達　）　評基通188

【図表24－1】同族株主のいない会社の株主判定及び評価方法の判定表

筆頭株主の議決権割合				
30%未満				
同族株主のいない会社				
判定株主グループの議決権割合				
15%以上30%未満				15%未満
議決権割合が15%以上の株主グループに属する株主				
	取得後の議決権割合が5％未満			
		中心的な株主がいる		
取得後の議決権割合が5％以上の株主	中心的な株主がいない	取得者は役員である株主又は課税時期の翌日から法定申告期限までに役員となる株主である	取得者は役員ではないし課税時期の翌日から法定申告期限までに役員となる株主ではない	議決権割合が15％未満の株主グループに属する株主
原則的評価方式			特例的評価方式	

■同族株主のいない会社で，取得者の属する同族関係者グループの議決権割合が15％以上でも次のすべてに該当する取得株式は配当還元方式で評価します。
□取得者本人の議決権割合は5％未満である
□中心的株主がいる
□取得者本人は役員でなく，法定申告期限までに役員となる者でもない

Q25 「2．少数株式所有者の評価方式の判定」欄の記載要領

「少数株式所有者の評価方式の判定」欄の記載について，注意点がありますか。

A　（1）「1．株主及び評価方式の判定」の「判定要素（課税時期現在の様式等の所有状況）」欄の記入が終わったら，「**判定基準**」欄で判定し，「**判定基準**」欄及び「**判定**」欄の各欄は，該当する文字を○で囲んで表示します。

（2）「判定」欄において，「同族株主等」に該当した納税義務者のうち，議決
権割合（㋑の割合）が5％未満である者については，「**2．少数株式所有者
の評価方式の判定**」欄により評価方式の判定を行います。

（3）「**2．少数株式所有者の評価方式の判定**」欄は，「判定要素」欄に掲げる
項目の「㊁役員」，「㋭納税義務者が中心的な同族株主」及び「㋬納税義務者
以外に中心的な同族株主（又は株主）」の順に次により判定を行い，それぞ
れの該当する文字を○で囲んで表示します（「判定内容」欄のかっこ内は，
それぞれの項目の判定結果を表します。）。

（4）「㊁役員」欄は，納税義務者が課税時期において評価会社の役員である
場合及び課税時期の翌日から法定申告期限までに役員となった場合に「であ
る」とし，その他の者については「でない」として判定します。

　　（注）　役員の範囲：『役員』とは，社長，理事長，副社長，代表取締役，専務取締
　　　　役，専務理事，常務取締役，常務理事その他これらの者に準ずる役員並びに
　　　　監査役及び監事をいいます。一般の取締役は原則として含まれません。

（5）「㋭納税義務者が中心的な同族株主」欄は，納税義務者が中心的な同族
株主に該当するかどうかの判定に使用しますので，納税義務者が同族株主の
いない会社（⑥の割合が30％未満の場合）の株主である場合には，この欄の
判定は必要ありません。

（6）「㋬納税義務者以外に中心的な同族株主（又は株主）」欄は，納税義務者
以外の株主の中に中心的な同族株主（納税義務者が同族株主のいない会社の
株主である場合には，中心的な株主）がいるかどうかを判定し，中心的な同
族株主又は中心的な株主がいる場合には，下段の氏名欄にその中心的な同族
株主又は中心的な株主のうち1人の氏名を記載します。

Ⅱ　第1表の2「評価上の株主の判定及び会社規模の判定の明細書（続）」の記載方法

この項のポイントと注意点

1　納税義務者が所有する取引相場のない株式を原則的評価方式で評価する場合には，第1表の2を使い，評価会社の規模が大会社にあたるのか中会社に該当するのか，小会社として評価するのが適当なのかを判断します。そのために，評価会社を「卸売業」，「小売・サービス業」，「卸売業，小売・サービス業以外」（以下，「規模判定3要素」といいます。）の3業種に分類します。

　　この分類にあたり，評価会社がどのような事業を営んでいるかを正確に判定することが必要です。規模判定3要素においては，評価会社が複数の業種を営んでいる場合は，直前期の年間売上高が最も多い業種を基準に判定します。

（1）　会社規模の判定における従業員数は，直前期末以前1年間継続して勤務していた従業員が基本になり，単に，直前期末時点での従業員数でないことに注意が必要です。

　①　平取締役は従業員としてカウントします。

　②　派遣労働者は勤務実態によります。

（2）　会社規模の判定における総資産価額は，直前期末の貸借対照表の資産の部の合計金額であり，間接法で評価している固定資産の減価償却累計額は資産勘定から控除しますが，貸倒引当金は売掛金等から控除しませんし，繰延資産等の財産性のない資産であっても，貸借対照表記載の金額をそのまま合計した金額です。類似業種比準価額（評価明細書第4表）の1株当たり総資産価額や純資産価額方式による1株当たりの総資産価額（評価明細書第5表）の金額とは異なることに注意が必要です。

2　記入に必要な主な書類は次のとおりです。

（1）　法人税及び消費税の申告書　過去3期分

（2）　法人事業概況説明書

（3）　日本標準産業分類の分類項目と類似業種比準価額計算上の業種目との対比表

第1表の2　評価上の株主の判定及び会社規模の判定の明細書（続）　　会社名　甲株式会社

<table>
<tr><td colspan="5">３．会社の規模（Ｌの割合）の判定</td></tr>
</table>

（取引相場のない株式（出資）の評価明細書）

判定要素

項　　目	金　　額	項　　目	人　　数
直前期末の総資産価額 （帳簿価額）	千円 65,600	直前期末以前1年間における従業員数	［従業員数の内訳］　　　　　　　　　　5.25人 （継続勤務従業員数）（継続勤務従業員以外の従業員の労働時間の合計時間数） （ 5人 ）＋ 450時間 / 1,800時間
直前期末以前1年間の取引金額	千円 823,645		

⑤　直前期末以前1年間における従業員数に応ずる区分　　70人以上の会社は、大会社（㋬及び㋠は不要）
　　　　　　　　　　　　　　　　　　　　　　　　　　　70人未満の会社は、㋬及び㋠により判定

判定基準

㋬　直前期末の総資産価額(帳簿価額)及び直前期末以前1年間における従業員数に応ずる区分				㋠　直前期末以前1年間の取引金額に応ずる区分			会社規模とＬの割合(中会社)の区分
総資産価額（帳簿価額）			従業員数	取引金額			
卸売業	小売・サービス業	卸売業、小売・サービス業以外		卸売業	小売・サービス業	卸売業、小売・サービス業以外	
20億円以上	15億円以上	15億円以上	35人超	30億円以上	20億円以上	15億円以上	大会社
4億円以上 20億円未満	5億円以上 15億円未満	5億円以上 15億円未満	35人超	7億円以上 30億円未満	5億円以上 20億円未満	4億円以上 15億円未満	0.90 中
2億円以上 4億円未満	2億5,000万円以上 5億円未満	2億5,000万円以上 5億円未満	20人超 35人以下	3億5,000万円以上 7億円未満	2億5,000万円以上 5億円未満	2億円以上 4億円未満	0.75 会
7,000万円以上 2億円未満	4,000万円以上 2億5,000万円未満	5,000万円以上 2億5,000万円未満	5人超 20人以下	2億円以上 3億5,000万円未満	6,000万円以上 2億5,000万円未満	8,000万円以上 2億円未満	0.60 社
7,000万円未満	4,000万円未満	5,000万円未満	5人以下	2億円未満	6,000万円未満	8,000万円未満	小会社

・「会社規模とＬの割合（中会社）の区分」欄は、㋬欄の区分（「総資産価額（帳簿価額）」と「従業員数」とのいずれか下位の区分）と㋠欄（取引金額）の区分とのいずれか上位の区分により判定します。

判定

大会社	中会社			小会社
	Ｌの割合			
	0.90	0.75	0.60	

４．増（減）資の状況その他評価上の参考事項

（平成三十年一月一日以降用）

①固定資産の減価償却を間接法によっている場合は直接法に修正する
②売掛金，受取手形，貸付金等に対する貸倒引当金は控除しない
③前払費用，繰延資産，税効果会計の適用による繰延税金資産など，確定決算上の資産として計上されている資産は，帳簿価額の合計額に含めて記載する
④収用や特定の資産の買換え等の場合において，圧縮記帳引当金勘定に繰り入れた金額及び圧縮記帳積立金として積み立てた金額並びに翌事業年度以降に代替資産等を取得する予定であることから特別勘定に組み入れた金額は，帳簿価額の合計額から控除しない

第1表の2　評価上の株主の判定及び会社規模の判定の明細書（続）　　会社名

直前期の評価会社の目的とする事業に係る収入金額（売上高）を記入。
直前期が1年未満の場合，課税時期直前期末以前1年間の実際の収入を記入。計算が困難な期間がある場合には，その期間の収入金額を月数按分して算出することも可。

直前期末以前1年間においてその期間継続して評価会社に勤務していた従業員（就業規則等で定められた1週間当たりの労働時間が30時間未満である従業員を除きます。以下「継続勤務従業員」といいます。）の数に直前期末以前1年間において評価会社に勤務していた従業員（継続勤務従業員を除きます。具体的には中途入社，中途退社，週30時間未満勤務従業員等）のその1年間における労働時間の合計時間数を1年間の平均労働時間（1,800時間）で除して求めた数を加算した数を記載します。
出向者，派遣労働者は雇用形態や勤務実態により判定。

3．会社の規模（Lの割合）の判定

項　　目	金　　額	項　　目	人　　数
判定要素　直前期末の総資産価額 （帳簿価額）	千円	委員会設置会社の取締役以外の平取締役は従業員に含めます。	人
直前期末以前1年間 の取引金額	千円	直前期末以前1年間 における従業員数	

（従業員数の内訳）
（継続勤務
従業員数）（継続勤務従業員以外の従業
員の労働時間の合計時間数）
（　　人）+ （　　　　　時間）/ 1,800時間

① 直前期末以前1年間における従業員数に応ずる区分　　70人以上の会社は，大会社（⑦及び⑪は不要）
70人未満の会社は，⑦及び⑪により判定

⑦ 直前期末の総資産価額（帳簿価額）及び直前期末以前1年間における従業員数に応ずる区分				⑪ 直前期末以前1年間の取引金額に応ずる区分			会社規模とLの割合（中会社）の区分	
総資産価額（帳簿価額）			従業員数	**取引金額**				
卸売業	小売・サービス業	卸売業、小売・サービス業以外		卸売業	小売・サービス業	卸売業、小売・サービス業以外		
20億円以上	15億円以上	15億円以上	35 人 超	30億円以上	20億円以上	15億円以上	大 会 社	
4億円以上 20億円未満	5億円以上 15億円未満	5億円以上 15億円未満	35 人 超	7億円以上 30億円未満	5億円以上 20億円未満	4億円以上 15億円未満	0.90	中
2億円以上 4億円未満	2億5,000万円以上 5億円未満	2億5,000万円以上 5億円未満	20 人 超 35 人 以下	3億5,000万円以上 7億円未満	2億5,000万円以上 5億円未満	2億円以上 4億円未満	0.75	会
7,000万円以上 2億円未満	4,000万円以上 2億5,000万円未満	4,000万円以上 2億5,000万円未満	5 人 超 20 人 以下	2億円以上 3億5,000万円未満	6,000万円以上 2億5,000万円未満	8,000万円以上 2億円未満	0.60	社
7,000万円未満	4,000万円未満	5,000万円未満	5 人 以 下	2億円未満	6,000万円未満	8,000万円未満	小 会 社	

Ⓐ　Ⓑ　Ⓒ

従業員数が35人超の場合は、Ⓐの額により判定します。
それ以外は、ⒶかⒷのどちらか下位の方を選択し、次にⒸと比べて上位の方で判定します。

・「会社規模とLの割合（中会社）の区分」欄は，⑦欄の区分（「総資産価額（帳簿価額）」と「従業員数」とのいずれか下位の区分）と⑪欄（取引金額）の区分とのいずれか上位の区分により判定します。

判定	大 会 社	中 会 社			小 会 社
		L の 割 合			
		0.90	0.75	0.60	

4．増（減）資の状況その他評価上の参考事項

この欄には次のような事項を記載します。
(1) 課税時期の直前期末以前における増（減）資に関する事項
　例：増資年月日　令和〇年〇月〇日，増資金額　〇〇〇千円，増資内容　1：0.5（1株当たりの払込金額50円，株主割当），増資後の資本金額　〇〇〇千円
(2) 課税時期以前3年間における社名変更，増（減）資，事業年度の変更，合併及び転換社債型新株予約権付き社債の発行状況に関する事項
(3) 種類株式に関する事項
　例：種類株式の内容　議決権制限株式，発行年月日　令和〇年〇月〇日，発行株式数　〇〇〇〇〇株，発行価額　1株につき〇〇円（うち資本に組み入れる金額〇〇円），1単元の株式数　〇〇〇株，議決権　〇〇の事項を除き，株主総会において議決権を有しない。転換事項　令和〇年〇月〇日から令和〇年〇月〇日までは株主からの請求により普通株式への転換可能（当初の転換価額は〇〇円），償還条件　なし，残余財産の分配　普通株主に先立ち1株につき〇〇円を支払う。
(4) 剰余金の配当の支払いにかかる基準日及び効力発生日
(5) 剰余金配当のうち，資本金等の額の減少に伴うものの金額　　(6) その他評価上参考となる事項

Q 26　「直前期末の総資産価額（帳簿価額）」欄の書き方

「直前期末の総資産価額（帳簿価額）」欄には何を記載すればよいでしょうか。

A　直前期末における各資産の確定決算上の帳簿価額の合計額を記載します。

（1）　固定資産の減価償却累計額を間接法によって表示している場合には，各資産の帳簿価額の合計額から減価償却累計額を控除します。

（2）　売掛金，受取手形，貸付金等に対する貸倒引当金は控除しません。

（3）　前払費用，繰延資産，税効果会計の適用による繰延税金資産など，確定決算上の資産として計上されている資産は，帳簿価額の合計額に含めて記載します。

（4）　収用や特定の資産の買換え等の場合において，圧縮記帳引当金勘定に繰り入れた金額及び圧縮記帳積立金として積み立てた金額並びに翌事業年度以降に代替資産等を取得する予定で特別勘定に繰り入れた金額は，帳簿価額の合計額から控除しません。

（法令・通達）　評基通178(1)

Q 27　「直前期末以前１年間における従業員数」欄の書き方

「直前期末以前１年間における従業員数」欄には何を記載すればよいでしょうか。

A　「直前期末以前１年間における従業員数」欄には，①直前期末以前１年間において，②その期間継続して評価会社に勤務していた従業員（就業規則等で定められた１週間当たりの労働時間が30時間未満である従業員を除きます。以下「継続勤務従業員」といいます。）の数に，**直前期末以前１年間において評価会社に勤務していた従業員**（継続勤務従業員を除きます。）のその１年間における労働時間の合計時間数を従業員１人当たり年間平均労働時間数（1,800

時間）で除して求めた数を加算した数を記載します。

（注1） 上記により計算した評価会社の従業員数が，例えば5.1人となる場合は従業員数「5人超」に，4.9人となる場合は従業員数「5人以下」に該当します。

（注2） 従業員には，社長，理事長並びに法人税法施行令第71条《使用人兼務役員とされない役員》第1項第1号（代表取締役，代表執行役，代表理事及び清算人），第2号（副社長，専務，常務その他これらに準ずる職制上の地位を有する役員）及び第4号（取締役（委員会設置会社の取締役に限る。），会計参与及び監査役並びに監事）に掲げる役員は含みません。

法令・通達 評基通178(2)

Q28 従業員の範囲

会社規模区分の判定において，次の者は，いずれの会社の従業員としてカウントするのでしょうか。（出典：国税庁ホームページ質疑応答事例）
（1） 出向中の者
（2） 人材派遣会社より派遣されている者

A 雇用関係や勤務形態を確認して判定しますが，直接の雇用契約がなくても，受け入れた派遣労働者勤務実態に応じて継続勤務従業員とそれ以外の従業員に区分した上で判定しても差し支えないとされています。

法令・通達 評基通178(2)

解説

1 出向中の者

従業員基準における従業員とは，原則として，評価会社との雇用契約に基づき使用される個人で賃金が支払われる者をいいます。例えば，出向元との雇用関係が解消され，出向先で雇用されている出向者の場合には，出向先の従業員としてカウントします。

2　人材派遣会社より派遣されている者（派遣元事務所のカウント）

　「労働者派遣事業の適正な運営の確保及び派遣労働者の保護等に関する法律（昭和60年法律第88号）」（労働者派遣法）による労働者派遣事業における派遣先事業所と派遣労働者の関係は，次の２とおりがあります。

①　通常は労働者派遣の対象となる者が派遣元事業所に登録されるのみで，派遣される期間に限り，派遣元事業所と登録者の間で雇用契約が締結され賃金が支払われるケース

②　労働者派遣の対象となる者が派遣元事業所との雇用契約関係に基づく従業員（社員）であり，派遣の有無にかかわらず，派遣元事業所から賃金が支払われるケース

　従業員数基準の適用については，上記①に該当する個人は派遣元事業所の「継続勤務従業員」以外の従業員であり，②に該当する個人は派遣元の「継続勤務従業員」であり，いずれも派遣元事業所の従業員としてカウントします。

3　派遣先事業における従業員数基準の適用（派遣先事業所のカウント）

　財産評価基本通達178(2)の「評価会社に勤務していた従業員」とは，評価会社において使用される個人（評価会社内の使用者の指揮命令を受けて労働に従事するという実態をもつ個人をいいます。）で，評価会社から賃金を支払われる者（無償の奉仕作業に従事している者以外の者をいいます。）をいいますが，現在における労働力の確保は，リストラ，人件費などの管理コスト削減のため，正社員の雇用のみで対応するのではなく，臨時，パートタイマー，アルバイトの採用など多様化しており，派遣労働者の受入れもその一環であると認められ，実質的に派遣先における従業員と認めても差し支えないと考えられること等から，派遣労働者を受け入れている評価会社における従業員数基準の適用については，受け入れた派遣労働者勤務実態に応じて継続勤務従業員とそれ以外の従業員に区分した上で判定しても差し支えないとされています。

【参考】派遣労働者の雇用関係等と従業員数基準の判定

イ　派遣元事業所

図表28－1のようになります。

ロ　派遣先事業所

勤務実態に応じて判定します。

【図表28－1】

派遣元における派遣労働者の雇用関係				派遣元事業所における従業員数基準の判定
派遣時以外の雇用関係	賃金の支払い	派遣時の雇用関係	賃金の支払い	
なし	なし	あり	あり	継続勤務従業員以外
あり	あり	あり	あり	継続勤務従業員

Q29　継続勤務従業員以外の従業員

継続勤務従業員以外の従業員はどのような従業員をいうのでしょうか。

A　継続勤務従業員とは，①**直前期末以前1年間**において，②**その期間継続して評価会社に勤務していた従業員**（就業規則等で定められた1週間当たりの労働時間が30時間未満である従業員を除きます。）をいいます。継続勤務従業員以外の者とは，それ以外の者をいいますが，具体例をあげれば次のとおりです。

① 継続勤務従業員以外の従業員は，1週間当たりの労働時間が30時間未満である者（アルバイトやパートタイマーなど）

② 派遣労働者で随意契約の者（派遣時以外の雇用関係や賃金の支払いがない者）

③ 期中で入社した者

④ 期中で退社した者

⑤ 期中で入社し，退社した者

（法令・通達）　評基通178(2)

Q30 平取締役

平取締役は役員ですから従業員に含めないで計算してもよろしいでしょうか。

A 経営監督機能は，取締役会が担当し，業務執行は執行役が担当する組織形態である委員会設置会社以外の会社の平取締役は使用人兼務役員となることができるので，従業員に含めて計算します。

（法令・通達） 評基通178(注)

Q31 「直前期末以前1年間の取引金額」欄の書き方

「直前期末以前1年間の取引金額」欄は，どのように書けばいいのでしょうか。

A 「**直前期末以前1年間の取引金額**」欄には，直前期の事業上の収入金額（売上高）を記載します。

この場合の事業上の収入金額とは，その会社の目的とする事業に係る収入金額（金融業・証券業については収入利息及び収入手数料）をいいます。

事業年度の変更があった場合においても，その変更の有無にかかわらず，課税時期の直前期末以前1年間（12ヶ月）の実際の取引金額を記載します。

(注) 直前期の事業年度が1年未満であるときには，課税時期の直前期末以前1年間の実際の収入金額によることとなりますが，実際の収入金額を明確に区分することが困難な期間がある場合は，その期間の収入金額を月数あん分して求めた金額によっても差し支えありません。

（法令・通達） 評基通178(3)

Q 32　会社規模判定の業種分類の基準

評価会社が「卸売業」「小売・サービス業」又は「卸売業，小売・サービス業以外」のいずれに該当するかは，何を指標に判定したらよいでしょうか。

A　評価会社が「**卸売業**」，「**小売・サービス業**」又は「**卸売業，小売・サービス業以外**」のいずれの業種に該当するかは，直前期末以前1年間の取引金額に基づいて判定し，その取引金額のうちに2以上の業種に係る取引金額が含まれている場合には，それらの取引金額のうち最も多い取引金額に係る業種によって判定します。

（　法令・通達　）　評基通178⑷

Q 33　直前期末以前1年間の従業員数を加味した総資産基準と取引金額基準によるL判定

会社規模の判定はどのような順序で行うのですか。

A　「会社規模とLの割合（中会社）の区分」欄は，㋬欄の区分（「総資産価額（帳簿価額）」と「従業員数」とのいずれか下位の区分）と㋺欄（取引金額）の区分とのいずれか上位の区分により判定します。

　（注）　大会社及びLの割合が0.90の中会社の従業員数はいずれも「50人超」のため，この場合の㋬欄の区分は，「総資産価額（帳簿価額）」欄の区分によります。

解説 ………………………………………………………………………………

　同族会社の判定基準により原則的評価が適用される場合，会社の規模は，「卸売業」，「小売・サービス業」または「卸売業，小売・サービス業以外の業種」の別に，①直前期末の総資産価額（帳簿価額），②直前期末以前1年間の従業員数，③直前期末以前1年間の取引金額の組み合わせによって判定します。

具体的には，次の「会社規模の判定基準」に基づいて判定します。

[会社規模の判定基準]

（1）　従業員数が100人以上の会社は大会社とします。

（2）　従業員数が100人未満の会社は，**図表33－1**直前期末以前1年間の従業員数を加味した総資産基準（帳簿価額）と**図表33－2**直前期末以前1年間の取引額基準のいずれか大きい方で判定します。

【図表33－1】直前期末以前1年間の従業員数を加味した総資産基準（帳簿価額）

従業員数	5人以下				小会社 (0.5)		従業員基準 小会社
	20人以下 5人超			中会社の小 (0.6)			従業員基準 中会社
	35人以下 20人超		中会社の中 (0.75)				
	69人以下 35人超	大会社 (100)	中会社の大 (0.9)				従業員基準 大会社
	70人以上						
総資産価額 （帳簿価額）	卸売業	20億円 以上	4億円 以上	2億円 以上	7千万円 以上	7千万円 未満	
	小売・ サービス業	15億円 以上	5億円 以上	2.5億円 以上	4千万円 以上	4千万円 未満	
	卸売業，小売・ サービス業以外	15億円 以上	5億円 以上	2.5億円 以上	5千万円 以上	5千万円 未満	
		総資産基準 大会社		総資産基準 中会社		総資産基準 小会社	

（注）　表の見方：総資産基準は金額により大会社，中会社，小会社に分かれます。これらの総資産基準の区分に応じ，従業員数区分を当てはめ，低い方が該当区分になります。例えば，資産基準で大会社に当たる場合（卸売業で20億円以上，小売・サービス業等で15億円以上），従業員が35人超ならば大会社です。5人超から35人以下の範囲ならば中会社，5人以下なら資産を20億円以上持っている卸売業でも小会社に区分されることとなります。次に，取引額基準と比較し大きい方で判定します（図表33－2）。図表33－1で，小会社に該当する卸売業の会社の売上が2億円未満なら最終判定も小会社です。その会社の売上が30億円以上ならば最終判定は大会社となります。

【図表33-2】直前期末以前1年間の取引額基準

ⓨ　直前期末以前1年間の取引金額に応ずる区分			会社規模とLの割合（中会社）の区分	
取　　引　　金　　額				
卸　売　業	小売・サービス業	卸売業、小売・サービス業以外		
30億円以上	20億円以上	15億円以上	大　会　社	
7億円以上 30億円未満	5億円以上 20億円未満	4億円以上 15億円未満	0.90	中
3億5,000万円以上 7億円未満	2億5,000万円以上 5億円未満	2億円以上 4億円未満	0.75	会
2億円以上 3億5,000万円未満	6,000万円以上 2億5,000万円未満	8,000万円以上 2億円未満	0.60	社
2億円未満	6,000万円未満	8,000万円未満	小　会　社	

Q34　「4. 増（減）資の状況その他評価上の参考事項」欄の記載要領

「4. 増（減）資の状況その他評価上の参考事項」欄には何を記載すればよいでしょうか。

A　次のような事項を記載します。

（1）　課税時期の直前期末以後における増（減）資に関する事項

　　　例えば、増資については、次のように記載します。

増資年月日　令和○年○月○日
増資金額　　○○○千円
増資内容　　1：0.5（1株当たりの払込金額50円、株主割当）
増資後の資本金額　　○○○千円

（2）　課税時期以前3年間における社名変更、増（減）資、事業年度の変更、
　　　合併及び転換社債型新株予約権付社債（財産評価基本通達197⑷に規定する
　　　転換社債型新株予約権付社債、以下「転換社債」といいます。）の発行状況
　　　に関する事項

（3）　種類株式に関する事項

　例えば，種類株式の内容，発行年月日，発行株式数等を，次のように記載します。

種類株式の内容　議決権制限株式

発行年月日　令和○年○月○日

発行株式数　○○○○○株

発行価額　1株につき○○円（うち資本金に組み入れる金額○○円）

1単元の株式の数　○○○株

議決権　○○の事項を除き，株主総会において議決権を有しない。

転換条項　令和○年○月○日から令和○年○月○日までの間は株主からの請求に
　　　　　より普通株式への転換可能（当初の転換価額は○○円）

償還条項　なし

残余財産の分配　普通株主に先立ち，1株につき○○円を支払う。

（4）　剰余金の配当の支払いに係る基準日及び効力発生日

（5）　剰余金の配当のうち，資本金等の額の減少に伴うものの金額

（6）　その他評価上参考となる事項

Ⅲ　第2表「特定の評価会社の判定の明細書」の記載方法

この項のポイントと注意点

1　比準要素数1の会社の判定をする場合，各々の判定金額が少額のため評価明細書において表示単位未満の端数がある場合には，その端数は切り捨てて記載します。評価単位未満の数字があり0ではないのに，切り捨てた結果比準要素数が0になる場合があります。

（1）　過去の業績の集積である利益準備金が多額にあるが，現在は収益力が落ち，配当も利益金額も0円である会社は，純資産価額方式で評価すると評価額が高く出る可能性があります。

（2）　このような会社は，利益準備金の範囲で配当を行っていると比準要素数が2になり，一般の会社として評価することが可能となります。

2　株式保有特定会社及び土地保有特定会社として評価されることを免れるために課税時期直前において合理的な理由がなく資産構成を変動した場合には，その変動はなかったものとみなされます（評基通189なお書）。

3　平成25年2月28日の東京高裁の判決を受け，国税庁は平成25年5月に大会社の株式保有割合による株式保有特定会社の判定基準を「25％以上」から「50％以上」に改正しました。株式保有特定会社として申告していた大会社においては，株式保有割合が50％以下であるものについて，一般の会社として評価することになります。

4　開業前又は休業中の会社は，少数株主の所有する株式でも配当還元価額にはならないことに注意が必要です。

5　清算中の会社の評価は原則として清算分配見込額によりますが，実務上は純資産価額によることもできます。

Q35　使用方法

特定の評価会社の判定の明細書の使用方法を教えてください。

A （1）　特定の評価会社の判定の明細書は，評価会社が特定の評価会社に該当するかをチェックするために使用します。

（2）　明らかに評価会社が特定の評価会社に該当しないものと認められる場合には，記載する必要はありません。

（3）　配当還元方式を適用する株主について，原則的評価方式等の計算が不要である場合（明らかに原則的評価方式等により計算した価額が配当還元価額よりも高いと認められる場合）には，記載する必要はありません。

　　なお，この表のそれぞれの「判定基準」欄及び「判定」欄は，該当する文字を○で囲んで表示します。

スタッフへのアドバイス

比準要素数の判定の際の端数処理

　「第4表　類似業種比準価額等の計算明細書」の各欄は，表示単位未満の端数を切り捨てることになっています。

　「比準要素数1の会社」の判定を行う場合，「1株当たりの配当」，「1株当たりの利益金額」，及び「1株当たりの純資産価額」を計算すると少額のため，端数処理を行うと0円となることがあります。

　こんな時，「評価明細書の記載上は0円でも，金額等は算出されていることから，その要素は0と判定しないのではないか」との疑問が生じるかもしれません。

　けれども，この場合は記載内容のとおり，その要素は0として処理するのが正しい取扱いです。

【図表35－1】第2表　特定の評価会社の判定の明細書

■「(1) 直前期末を基とした判定要素」欄の判定要素のいずれか2が0で，かつ，「(2) 直前々期末を基とした判定要素」欄の判定要素のいずれか2以上が0の場合に,「である（該当)」を○で囲んで表示します。
■「(1) 直前期末を基とした判定要素」欄の判定要素のいずれも0である場合は,「4. 開業後3年未満の会社等」欄の「(2) 比準要素数0の会社」に該当することに留意。

「3. 土地保有特定会社」から「6. 清算中の会社」のいずれかに該当する場合には記載不要。

「4. 開業後3年未満の会社等」から「6. 清算中の会社」のいずれかに該当する場合には、記載不要。

「5. 開業前又は休業中の会社」又は「6. 清算中の会社」に該当する場合には、「4. 開業後3年未満の会社等」の各欄は、記載不要。

「(1) 開業後3年未満の会社」に該当する場合には、「(2) 比準要素数0の会社」の各欄は記載不要。

第２表　特定の評価会社の判定の明細書

会社名

（取引相場のない株式（出資）の評価明細書）

（平成三十年一月一日以降用）

	判定要素							
1. 比準要素数1の会社	(1)直前期末を基とした判定要素			(2)直前々期末を基とした判定要素			判定基準	(1)欄のいずれか2の判定要素が0であり、かつ、(2)欄のいずれか2以上の判定要素が0 である（該当）・でない（非該当）
	第4表のⒷ1の金額	第4表のⒸ1の金額	第4表のⒹ1の金額	第4表のⒷ2の金額	第4表のⒸ2の金額	第4表のⒹ2の金額		
	円　銭 0	円	円	円　銭 0	円	円	判定	該当　／　非該当

	判定要素					
2. 株式等保有特定会社	総資産価額 （第5表の①の金額）	株式等の価額の合計額 （第5表の㋑の金額）	株式等保有割合 （②／①）	判定基準	③の割合が50%以上である	③の割合が50%未満である
	①　千円	②　千円	③　%	判定	該当	非該当

	判定要素									
3. 土地保有特定会社	総資産価額 （第5表の①の金額）		土地等の価額の合計額 （第5表の㋩の金額）		土地保有割合 （⑤／④）		会社の規模の判定 （該当する文字を○で囲んで表示します。）			
	④　千円		⑤　千円		⑥　%		大会社・中会社・小会社			
	判定基準	会社の規模	大会社		中会社		小会社 （総資産価額（帳簿価額）が次の基準に該当する会社） ・卸売業　20億円以上 ・小売・サービス業　15億円以上 ・上記以外の業種　15億円以上		・卸売業　7,000万円以上20億円未満 ・小売・サービス業　4,000万円以上15億円未満 ・上記以外の業種　5,000万円以上15億円未満	
		⑥の割合	70%以上	70%未満	90%以上	90%未満	70%以上	70%未満	90%以上	90%未満
	判定		該当	非該当	該当	非該当	該当	非該当	該当	非該当

同じ数字です。

4. 開業後3年未満の会社等					
(1) 開業後3年未満の会社	判定要素	判定基準	課税時期において開業後3年未満である		課税時期において開業後3年未満でない
	開業年月日　年　月　日	判定	該当		非該当
(2) 比準要素数0の会社	判定要素：直前期末を基とした判定要素 第4表のⒷの金額　円　銭 0 第4表のⒸの金額　円 第4表のⒹの金額　円	判定基準	直前期末を基とした判定要素がいずれも0 である（該当）・でない（非該当）		
		判定	該当		非該当

5. 開業前又は休業中の会社	開業前の会社の判定		休業中の会社の判定		6. 清算中の会社	判定	
	該当	非該当	該当	非該当		該当	非該当

「6. 清算中の会社」に該当する場合には，記載不要

7. 特定の評価会社の判定結果

1. 比準要素数1の会社　　2. 株式等保有特定会社

3. 土地保有特定会社　　4. 開業後3年未満の会社等

5. 開業前又は休業中の会社　　6. 清算中の会社

（該当する番号を○で囲んでください。なお、上記の「1. 比準要素数1の会社」欄から「6. 清算中の会社」欄の判定において2以上に該当する場合には、後の番号の判定によります。）

判定の順序6.＞5.＞4.＞3.＞2.＞1.

Q36 「3．会社の規模（Ｌの割合）の判定」の「判定要素」

評価会社が「開業前又は休業中の会社」に該当する場合及び「開業後3年未満の会社等」に該当する場合には，第1表の2の「3．会社の規模（Ｌの割合）の判定」欄を記載する必要がないのでしょうか。

A 　必要ありません。「開業前又は休業中の会社」と「開業後3年未満の会社等」は，純資産価額方式しか評価方式がないからです。

　開業前又は休業中である会社は，事業を行っていないので配当金額や利益金額などの数値がありません。比準要素数の数字がなければ，類似業種比準価額方式や配当還元方式によって評価することができません。同族株主だけでなく同族株主以外の株主も，評価会社が開業前又は休業中である場合は，純資産価額で評価します（評基通189-5）。

　開業後3年未満の会社等の株式は，経営状況や財産指標が未だ安定的でなく，類似業種比準価額方式により適正に株価を算定することを期し難く類似業種比準価額方式によって評価することは妥当でないといえること，比準要素数0の会社は類似業種比準価額方式により評価することができないことから，純資産価額方式に従って評価することとされています（評基通189-4）。

【図表36-1】

開業後3年未満の会社	開業後3年未満の会社等の株は，財務指標が不安定なので類似業種比準価額方式は適用できません。	純資産価額
比準要素数0の会社	×類似業種比準価額方式 ○議決権割合50％以下の場合の調整（80％）があります。	
開業前又は休業中の会社	収益・利益・配当がないためすべての株主（少数株主も）を純資産価額方式により評価します。議決権保有割合が50％以下の場合の調整もありません。	

Q 37 特定の評価会社の株式

特定の評価会社の株式にはどのような会社がありますか。

A 特定の評価会社とは，評価会社の資産の保有状況，営業の状態等が一般の評価会社とは異なるものと認められる評価会社をいい，次のように区分しています。

① 比準要素数1の会社
② 株式等保有特定会社
③ 土地保有特定会社
④ 開業後3年未満の会社等
⑤ 開業前又は休業中の会社
⑥ 清算中の会社

(法令・通達) 評基通178，189

【図表37-1】特定評価会社（原則的評価方式図）

特定評価会社	
比準要素数1の会社	純資産価額（原則） 類似業種比準価額×0.25＋純資産価額×0.75 選択可能
株式等保有特定会社	純資産価額（原則） 「S₁＋S₂方式」の選択可能
土地保有特定会社	純資産価額方式
開業後3年未満の会社 比準要素数0の会社	
開業前又は休業中の会社（注）	
清算中の会社	清算分配見込額の複利現価方式

（注） 議決権割合50％以下でも80％評価できない。

Q38 純資産評価方式

なぜ，特定の評価会社は，原則として純資産評価方式で評価しなければならないのでしょうか。

A 株式（equities）は，会社資産に対する出資持分としての性質があります。株式は，会社の所有する純資産価値の割合的持分です。株主は，株式を保有することによって会社財産を間接的に保有します。株式の理論的・客観的な価値は，会社の純資産の価額を発行済株式数で除したものとも考えられ，純資産価額方式は，取引相場のない株式の評価の原則的な評価方法ということもできます。

内部留保が厚く，現金や優良な遊休資産を多く抱える会社の株式は，配当を得るよりも，すべての会社財産を売却し，債務を支払った残額を株主に分配する方が，株主にとっては財産的価値が高いという場合もあります。

これに対して，財産評価基本通達に定める類似業種比準価額方式は，国税庁が上場会社から業種別に採用した標本会社の平均株価を基に，配当，利益及び純資産価額（簿価）という3つの比準要素を使い，評価会社の株価を算定する方法です。

標本会社の株価が1,000円，配当が100，利益が200，純資産が300，評価会社の配当が200，利益が400，純資産が600ならば，3要素がすべて倍ですから，評価会社の株価も標本会社の株価の倍である2,000円として評価できるというのが類似業種比準価額方式の考え方です。**この方式により適正に株価を算定するためには，評価会社が，** 標本会社である上場会社と同様に正常な営業活動を行っていることが前提条件となります。

特定の評価会社は，資産の保有状態や営業の状態などが一般の評価会社と異なる会社です。特定の評価会社は，比準3要素が不安定（開業後3年以内の会社），比準要素が少ない（比準要素数1の会社），比準要素がない（比準要素数0の会社，開業前又は休業中の会社），そもそも営業していない（清算中の会

社)，会社資産が異常に土地や株式に傾いている（株式等保有特定会社，土地保有特定会社）などの理由で，一般の会社の評価方法が採用している類似業種比準方式（標本会社と比較する方式）では評価できない株式です。

それゆえ，特定の評価会社は，一般の会社とは区別して純資産評価方式で評価することを原則とし，**図表38－1**のとおり個別に評価方法が定められています。

（法令・通達）　評基通189

【図表38－1】特定評価会社の評価方式等一覧表

株式の取得者（相続人等）				
同族株主等（支配株主）				同族株主以外の株主
原則的評価方式				例外的評価方式
特定評価会社				会社の規模・種類等の区別なし
比準要素数1の会社	純資産価額（原則）	類似業種比準価額×0.25＋純資産価額（80％調整あり）×0.75　選択可能		配当還元方式
株式保有特定会社	純資産価額（原則）80％調整あり	「S₁＋S₂方式」の選択可能 S₁において80％調整なし		
土地保有特定会社	純資産価額（原則）80％調整あり			同族株主のうち，経営支配権のない株主や従業員株主等の少数株主が取得した場合の特例的評価方式
開業後3年未満の会社	純資産価額方式 議決権割合50％以下の調整（×80％）あり			
比準要素数0の会社				
開業前又は休業中の会社	純資産価額方式 議決権割合50％以下の調整（×80％）なし	収益・利益・配当がないためすべての株主（少数株主も）を純資産価額方式により評価します。議決権保有割合が50％以下の場合の調整もありません。		配当還元方式不可
清算中の会社	清算分配見込額の複利現価方式	純資産価額方式も可 80％調整なし		

解説 ....

1　評基通189《特定の評価会社の株式》は，同通達178《取引相場のない株式
の評価上の区分》のただし書により，一般の評価会社の株式とは区別される
「特定の評価会社の株式」を具体的に定め，また，その評価方法を評基通189
－2《比準要素数1の会社の株式の評価》から189－6《清算中の会社の株
式の評価》によることを定めています。

2　取引相場のない株式の評価については，実態に応じた適正な評価を行うた
めに，評価会社の規模区分に応じた原則的評価を定めるとともに，事業経営
への影響の少ない同族株主の一部及び従業員株主など，いわゆる少数株主が
取得した株式については，特例的評価方式を適用することとしています。

　　この場合において，株式評価上，上記のような原則的評価を行うことに
よって，適正な評価が行い得ないような評価会社の株式については，一般の
評価会社の株式とは区分して，その評価方法を定めておく必要があります。

　　そこで，財産評価基本通達189は，評価会社の資産の保有状況，営業の状
態等が一般の評価会社とは異なるものと認められる評価会社の株式を，①比
準要素数1の会社の株式，②株式等保有特定会社の株式，③土地保有特定会
社の株式，④開業後3年未満の会社等の株式（「比準要素数0の会社」はこ
こに含まれます。），⑤開業前又は休業中の会社の株式及び⑥清算中の会社の
株式と定めているものです。

3　特定の評価会社の株式の判定は，「⑥清算中の会社の株式→⑤開業前又は
休業中の会社の株式→④開業後3年未満の会社等の株式→③土地保有特定会
社の株式→②株式等保有特定会社の株式→①比準要素数1の会社の株式」の
順番に行うこととされています。

●関連解説

　株式等保有特定会社の株式又は土地保有特定会社の株式に該当するか否かの判定
にあたっては，課税時期前における評価会社の資産構成に変動があるか注意する必
要があります。

資産構成に変動があれば，その理由が合理的であるかを確認する必要があります。課税時期前に，借入等で多額の資金を調達し，株式等保有割合や土地保有割合を意図的に操作している場合（資産構成を変動させたのは，特定の会社と判定されることを免れるためのものと認められるとき）は，その変動を排除して判定を行うこととされています。

Q39 「1．比準要素数1の会社」欄

比準要素数1の会社の株式はどんな会社をいうのですか。どのように評価するのでしょうか。

A 　比準要素数1の会社を判定する判定要素は，単純に直前期及び直前々期の1株当たりの年配当金額，年利益金額及び純資産価額のデータにより判定するのではありません。

　比準要素数1の会社や0の会社を区分するための判定要素として，1株当たりの純資産価額は，直前期や直前々期のデータを用いますが，1株当たりの配当金額や年利益金額は，直前期（1期前）のデータだけでなく，直前々期（2期前）や直前々期の前期（3期前）のデータとの組み合わせにより算出した金額が1円以上の正数となるか否かによります。

　評価明細書第4表は「比準要素数1の会社・比準要素数0の会社の判定要素の金額」という欄を設け，判定要素であるⒷ₁，Ⓒ₁，Ⓓ₁，Ⓑ₂，Ⓒ₂，Ⓓ₂を**図表39－1**のとおり算出することとしています。これにより**図表39－2**のとおり

（1）　Ⓑ₁，Ⓒ₁，Ⓓ₁判定要素がすべて0ならば**比準要素数0の会社**として評価します。

（2）　Ⓑ₁，Ⓒ₁，Ⓓ₁の**判定要素のうち1つは0でない場合**，すなわちⒷ₁，Ⓒ₁，Ⓓ₁の数字の**いずれか2つが0**であり，かつ，Ⓑ₂，Ⓒ₂，Ⓓ₂のいずれか**2つ以上が0である会社**を，**比準要素数1の会社**として分類します。

【図表39－1】判定要素記号の定義　各々の金額は問題ではない。正数か否かが問題となる。

記号	判定要素	使用するデータ		備考	
B₁	１株当たりの年配当金額	直前期と直前々期の平均値		常に直前期と直前々期の２つの数字を使用する	すべて０ならば，比準要素数０の会社となる
C₁	１株当たりの年利益金額	直前期の額	直前期と直前々期の平均値	どちらかが正数ならば正数を使う	
D₁	１株当たりの純資産価額	直前期の価額		常に直前期の数字	

記号	判定要素	使用するデータ		備考	
B₂	１株当たりの年配当金額	直前々期と直前々期の前期の平均値		常に直前々期と直前々期の前期の２つの数字を使用する	比準要素数１の会社の付加的判定要素
C₂	１株当たりの年利益金額	直前々期の利益金額	直前々期と直前々期の前期の平均値	どちらかが正数ならば正数を使う	
D₂	１株当たりの純資産価額	直前々期の純資産価額		常に直前々期の数字	

［評価方法］

（1）　比準要素数１の会社の株式の価額は，原則として１株当たりの純資産価額（相続税評価額によって計算した金額）によって評価します。

（2）　株式の取得者とその同族関係者の有するその株式に係る議決権の合計数が議決権総数の50％以下であるときには，純資産価額は20％減額した価額とします（株式保有特定会社，土地保有特定会社又は開業後３年未満の会社等の株式を評価する場合において同じ。）（評基通185，189－2）。

（3）　ただし，納税義務者の選択により，類似業種比準価額方式の適用割合（Lの割合）を「0.25」として類似業種比準価額方式と純資産価額方式との併用方式により評価することができます（評基通189－2）。

比準割合は，小会社の0.5の２分の１の0.25です。

（「比準要素数1の会社」の株式の評価の際の併用方式の算式）

$$\frac{類似業種}{比準価額} \times 0.25 + \frac{純資産}{価\ \ \ 額} \times (1-0.25)$$

（法令・通達）　評基通185，189－2

解説 ……………………………………………………………………

1　「1．比準要素数1の会社」欄の記載方法

「1．比準要素数1の会社」欄は，次により記載します。

評価会社が「3．土地保有特定会社」から「6．清算中の会社」のいずれかに該当する場合には，記載する必要はありません。

（1）「**判定要素**」の「**(1)直前期末を基とした判定要素**」及び「**(2)直前々期末を基とした判定要素**」の各欄は，当該各欄が示している第4表の「2．比準要素等の金額の計算」の各欄の金額を記載します。

（2）「**判定基準**」欄は，「**(1)直前期末を基とした判定要素**」欄の判定要素のいずれか2が0で，かつ，「**(2)直前々期末を基とした判定要素**」欄の判定要素のいずれか2以上が0の場合に，「である（該当）」を○で囲んで表示します。

（注）「(1)　直前期末を基とした判定要素」欄の判定要素がいずれも0である場合は，「4．開業後3年未満の会社等」欄の「(2)　比準要素数0の会社」に該当することに留意してください。

【図表39－2】評価明細書の判定記号による比準要素数0及び1の会社の判定図

判定要素		直前期末基準			直前々期末基準			考え方
判定要素記号		B_1	C_1	D_1	B_2	C_2	D_2	
判定	比準要素数0の会社	0	0	0	判定不要			・B_1，C_1，D_1だけで判定
	比準要素数1の会社	＋	0	0	0	0	0	・直前期と直前々期で判定 ・直前期は1要素が黒字（2要素が赤字） ・直前々期は3要素0又は1要素が黒字（2要素が赤字）
		0	＋	0	＋	0	0	
					0	＋	0	
		0	0	＋	0	0	＋	

2 事業を継続しているから併用方式も選択可能

（1） 類似業種比準価額方式は，評価会社の直前期末等を基とした1株当たりの「配当金額」「利益金額」及び「純資産価額（帳簿価額によって計算した価額)」の3つの要素について，これに外形的な事業内容ばかりでなく，資産の保有状況や営業の状態等も類似していることを前提とした上場会社の平均的な1株当たりの配当金額等の額に比準して株式の価格を評価する方式です。

（2） 比準要素数1の会社とは，直前期末を基とした場合の3つの比準要素のうち，いずれか2が0であり，かつ，直前々期末を基とした場合の3要素についていずれか2以上が0である会社をいいます。このような会社の株式については，上場会社に比準する3要素のうち半分以上が0であるため，類似業種比準価額方式を適用する前提を欠いているものと考えられることから，原則として，純資産価額方式により評価することとされています（評基通189(1)，189－2）。

（3） 一方，休業中の会社や清算中の会社の株式について純資産価額方式により評価することとのバランスからすれば，比準要素数1の会社は，事業を継続していることから，その株式の評価においてある程度収益性を考慮することにも合理性があると考えられます。また，収益性に配慮することとしても，小会社の株式の評価において2分の1のウェイトで類似業種比準価額方式を併用していることとのバランスからみて，これよりも低いウェイトで収益性の観点を採り入れることが適当であると考えられます。

（4） そこで，比準要素数1の会社の株式については，納税者の選択により，類似業種比準価額方式の適用割合（Lの割合）を「0.25」として類似業種比準価額方式と純資産価額方式との併用方式により評価することができることとしています（評基通189－2ただし書）。

　なお，同族株主等以外の株主等（いわゆる少数株主）が取得した株式については，配当還元方式によって評価することとされています（評基通189－2なお書）。

Q40 「株式等保有特定会社」，「土地保有特定会社」欄

「2．株式等保有特定会社」，「3．土地保有特定会社」欄の記載方法を教えてください。

A 以下のように記載します。

（1）「**2．株式等保有特定会社**」及び「**3．土地保有特定会社**」の「**総資産価額**」欄等には，課税時期における評価会社の各資産を財産評価基本通達の定めにより評価した金額（資産の部の合計である第5表の①の金額等）を記載します。

（2）ただし，1株当たりの純資産価額（相続税評価額）の計算にあたって，直前期末における各資産及び各負債に基づいて計算を行っている場合には，当該直前期末において計算した第5表の当該各欄の金額により記載します（直前期末の数字によっている場合，株式等保有特定会社及び土地保有特定会社の判定時期と純資産価額及び株式等保有特定会社の S_2 の計算時期を同一とすることになりますから留意してください。仮決算を行っているときは課税時期ですべてを判断し，仮決算を行わず直前期末の貸借対照表に基づき相続税評価額で純資産価額を算定しているときはすべて直前期末で判断します。）。

（3）なお，「2．株式等保有特定会社」欄は，評価会社が「3．土地保有特定会社」から「6．清算中の会社」のいずれかに該当する場合には記載する必要はなく，「3．土地保有特定会社」欄は，評価会社が「4．開業後3年未満の会社等」から「6．清算中の会社」のいずれかに該当する場合には，記載する必要はありません。

（注）「2．株式等保有特定会社」の「株式等保有割合」欄の③の割合及び「3．土地保有特定会社」の「土地保有割合」欄の⑥の割合は，1％未満の端数を切り捨てて記載します。

Q41　類似業種比準価額方式が使えない場合

株式の保有割合がどの程度を超えれば，類似業種比準価額方式が使えなくなるのでしょうか。その場合，どのような評価方法を使えるのでしょうか。

A　評価会社が所有する株式及び出資の価額の合計額（相続税評価額）の総資産（相続税評価額）に占める割合が50％以上の会社を，株式等保有特定会社(注)といいます。一定の割合は**図表41－1**のとおりです（評基通189⑵）。

平成29年の財産評価基本通達の改正により，「株式及び出資」には「新株予約権付社債」を加えて株式保有特定会社の判定基準とすることとなっています（評基通189⑵）。

新株予約権付社債（会社法第2条《定義》第21号及び第22号）は，株式を一定の条件で取得できる権利である「新株予約権」が付与された社債のことをいいます。この新株予約権付社債は「株式及び出資」には該当しないのですが，株式に転換することのできる権利を有していることから，市場では予約権を行使して取得される株式の価格と連動して価格形成されていること及び金融商品取引法においても株式と同様に取り扱われる規程があることなどを踏まえて，株式等保有特定会社に該当するか否かの判定においては「株式及び出資」と同等に扱うこととされました。

【図表41－1】

会社規模	判定基準	
大会社	株式等の価額（相続税評価額） ──────────────── 総資産価額（相続税評価額）	≧50％
中会社 小会社	株式等の価額（相続税評価額） ──────────────── 総資産価額（相続税評価額）	≧50％

※　株式等保有特定会社の判定をする上での株式及び出資とは，法人に対する出資のすべてをいいます。新株予約権付社債は含まれますが，公社債，貸付信託の受益証券，証券投資信託の受益証券などは含まれません。

※　評価会社が自己株式を有している場合には，評価会社が株式等保有特定会社に該当するか否かは，自己株式を除いた各資産に基づいて行います。

（注）　開業後3年未満の会社，比準要素数0の会社，開業前又は休業中の会社，清算中の会社のいずれかに該当する場合は除きます。

解説

　上記の判定基準について次の判例があります（出典：判事事項と判決要旨は最高裁判所ホームページ）。

● 株式等保有割合が25％を超える大会社が財産評価基本通達189の(2)にいう株式等保有特定会社に該当しないとされた事例

平成25年02月28日　東京高等裁判所　平成24（行コ）124

事件名　更正及び加算税賦課決定取消請求控訴事件（原審　東京地方裁判所平成21年（行ウ）第28号）

（1）　判示事項

　取引相場のない株式について，財産評価基本通達（昭和39年4月25日付け直資56・直審（資）17・国税庁長官通達，平成17年5月17日付け課評2-5による改正前）189(2)にいう株式保有特定会社の株式に該当するとして，同株式の価額を，大会社についての原則的評価方式である類似業種比準方式ではなく，同通達189-3に定めるS₁+S₂方式によって評価した相続税の更正処分が違法とされた事例

（2）　裁判要旨

　取引相場のない株式について，財産評価基本通達（昭和39年4月25日付け直資56・直審（資）17・国税庁長官通達，平成17年5月17日付け課評2-5による改正前）189(2)にいう株式保有特定会社の株式に該当するとして，同株式の価額を，大会社についての原則的評価方式である類似業種比準方式ではなく，同通達189-3に定めるS₁+S₂方式によって評価した相続税の更正処分につき，同通達が，平成2年改正により，大会社につき株式保有割合が25％以上である評価会社を一律に株式保有特定会社として，その株式の価額の評価をいわゆる純資産価額方式又はS₁+S₂方式という原則的評価方法とは異なる特別な評価方法によるべきこととした理由は，当該会社の資産構成が類似業種比準方

式における標本会社に比して著しく株式等に偏っており，当該会社の株式の価額はその有する株式等の価値に依存する割合が一般に高いものと考えられる点にあるところ，前記改正後に商法等において企業の組織再編に必要な規定の整備が進められるなどした結果，前記相続の開始時である平成15年度においては，前記改正がされた当時と比して，会社の株式保有に関する状況は大きく変化しており，株式保有割合が25％以上である大会社の全てについて，一律に，資産構成が類似業種比準方式における標本会社に比して著しく株式等に偏っており，その株式の価額の評価において類似業種比準方式を用いるべき前提を欠くものと評価すべきとまでは断じ難いから，少なくとも前記相続の開始時を基準とすると，同通達189(2)の定めのうち，大会社につき株式保有割合が25％以上である評価会社を一律に株式保有特定会社としてその株式の価額を同通達189－3の定めにより評価すべきものとする部分の合理性が十分に立証されているとは認められないとした上で，当該会社は，その企業としての規模や事業の実態等が上場企業に匹敵するものであること，その株式保有割合は約25.9％にとどまり，同会社の株式の価額の評価に関しては，原則的評価方式による評価額と適正な時価との間の開差を利用したいわゆる租税回避行為の弊害を危ぐしなければならないものとはいい難いこと等を勘案すると，類似業種比準方式を用いるべき前提を欠く株式保有特定会社に該当するものとは認められないとして，前記更正処分を違法とした事例

（3）　本判決の意義とその後（判例時報2180号　浅妻章如准教授）

　平成2年評価通達改正時には株式保有特定会社判定のための大会社25％以上基準の一律適用の合理性が肯定されるとしつつも，その後の事情の変更（法人企業統計に見られる株式保有割合の上昇，独占禁止法改正による持株会社容認化）に鑑みて，平成16年当時には大会社25％以上基準の一律適用の合理性が失われていることを明らかにした，という意義が本判決にはある。

　国は上告せず確定した。国税庁は評価通達189の(2)を改正し，大会社の株式保有特定会社の判定基準として株式保有割合を「25％以上」から「50％以上」に改めた（中会社・小会社と同様）。

Q 42 株式等保有特定会社

株式等保有特定会社とはどのような会社をいうのですか。

A 　株式等保有特定会社は，類似業種比準価額方式における標本会社である上場会社に比べて，保有資産の割合が著しく株式等に偏った会社です（評価会社が所有する株式及び出資の価額の合計額（相続税評価額）の総資産（相続税評価額）に占める割合が50％以上の会社）。

　このような会社の株式の評価に類似業種比準価額方式を適用することは，評価会社と標本会社との類似性を損ない適正といえません。むしろ，このような会社の株式を評価する場合には，会社の資産価値をよく反映できる純資産価額方式を採用することが合理的です。評価会社が自己株式を有している場合には，評価会社が株式等保有特定会社に該当するか否かは，自己株式を除いた各資産に基づいて行います。

（1）　株式等保有特定会社は，原則として純資産価額方式で評価することとされています（持株割合50％未満の同族グループに属する同族株主の取得株式及び同族株主のいない会社の株主の取得株式を1株当たりの純資産価額によって評価するときは20％減額評価します。）。

（2）　純資産価額方式に代えて，「$S_1 + S_2$」方式とよばれる類似業種比準価額方式を修正した評価方式により評価をすることもできます（株式等保有特定会社の株式を評価する場合における特例的評価方式であるS_1の金額及びS_2の金額の算定に際して適用される純資産価額部分の計算においては，同族株主等の議決権割合が50％以下でも80％評価はできません。）。

（3）　「$S_1 + S_2$」のうち「S_2」は，発行会社が保有する株式等に相当する部分の価額をいい，純資産価額方式により評価されます。「S_1」は，発行会社が保有する株式等やその株式等に係る配当金を除外したところで，原則的評価方式，会社規模に応じ類似業種比準価額方式，純資産価額方式又はその併用方式により評価した金額です。S_1の金額とS_2の金額の合計額が，「$S_1 +$

S_2」方式による評価額です。

（４）　株式保有特定会社の株式でも，同族株主以外の株主等が取得した株式は，配当還元方式で評価します。配当還元評価額が原則的評価額（純資産評価額又は「$S_1 + S_2$」の額）を超える場合には，上記により原則的評価方式で計算した金額によります（評基通189－３）。

【図表42－１】株式等保有特定会社$S_1 + S_2$図

		（S_1の金額）		（S_2の金額）
株式保有特定 会社の株式	＝	発行会社が保有する株式等やその株式等に係る配当金を除外したところで，原則的評価方式，会社規模に応じ類似業種比準価額方式，純資産価額方式又はその併用方式により評価した金額です	＋	発行会社が保有する株式等に相当する部分の価額をいい，純資産価額方式により評価します（評価差額に対する法人税等相当額を控除します。）

Q43　$S_1 + S_2$方式の詳細な計算

「S_1」とはどんな計算を行うのでしょうか。

A　「S_1」とは，発行会社が保有する株式等やその株式等に係る配当金を除外したところで，会社規模に応じ類似業種比準価額方式，純資産価額方式又はその併用方式により評価した金額です（評基通189－３）。

（法令・通達）　評基通189，189－３，185，186－２

解説 ……………………………………………………………………………

具体的な計算は，次の計算式によります。

1　類似業種比準価額で計算する場合

（計算式）修正類似業種比準価額

$$S_1 \text{の金額} = A \times \left(\frac{\frac{Ⓑ-ⓑ}{B} + \frac{Ⓒ-ⓒ}{C} + \frac{Ⓓ-ⓓ}{D}}{3} \right) \times \begin{array}{l} (大)\ 0.7 \\ (中)\ 0.6 \\ (小)\ 0.5 \end{array}$$

① 斟酌割合は，大会社「0.7」，中会社「0.6」，小会社「0.5」です。

② A，B，C，D，Ⓑ，Ⓒ，Ⓓは類似業種比準価額によります（評基通180）。

③ ⓑ，ⓒ，ⓓは，次により，受取配当金収受割合は下の算式で求めた割合とします。

● ⓑ = Ⓑ × 受取配当金収受割合

● ⓒ = Ⓒ × 受取配当金収受割合

● ⓓ = （イ） + （ロ）

$$（イ） = Ⓓ \times \frac{\text{株式等の帳簿価額の合計額}}{\text{総資産価額（帳簿価額）}}$$

$$（ロ） = \frac{\text{利益積立金額}}{\substack{\text{直前期末における発行済株式数} \\ \text{（50円換算）}}} \times \substack{\text{受取配当金} \\ \text{収受割合}}$$

（ロ）の金額は，利益積立金額が負数の場合は零とします。

$$\substack{\text{受取配当金} \\ \text{収受割合}} = \frac{\text{直前期末以前2年間の受取配当金等の合計額}}{\substack{\text{直前期末以前2年間の} \\ \text{受取配当金等の合計額}} + \substack{\text{直前期末以前2年間の営業} \\ \text{利益の金額の合計額}}}$$

営業利益の金額に受取配当金額が含まれている場合には，その受取配当金額の合計額を控除します。

④ 受取配当金収受割合は1以下とします。

直前期末以前2年間の受取配当金等の合計額は新株予約権付社債の利息の額を加えて計算します（平成29年財産評価基本通達改正）。

⑤ ⓓは，Ⓓを限度とします。

2 純資産価額で計算する場合

株式等保有特定会社の「各資産」から「株式等」を除いて計算した純資産価

額…修正純資産価額

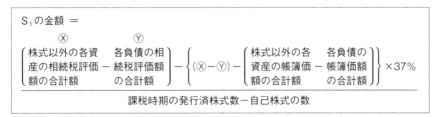

$$S_1の金額 = \frac{\left(\begin{array}{c} \overset{\circled{X}}{株式以外の各資} \\ 産の相続税評価 \\ 額の合計額 \end{array} - \begin{array}{c} \overset{\circled{Y}}{各負債の相} \\ 続税評価額 \\ の合計額 \end{array}\right) - \left\{(\circled{X}-\circled{Y}) - \left(\begin{array}{c} 株式以外の各 \\ 資産の帳簿価 \\ 額の合計額 \end{array} - \begin{array}{c} 各負債の \\ 帳簿価額 \\ の合計額 \end{array}\right)\right\} \times 37\%}{課税時期の発行済株式数 - 自己株式の数}$$

Q 44 「S₂」の評価方法

「S₂」とはどんな評価方法ですか。

A　「S₂」とは，評価会社が保有している株式等のみを取り出して純資産価額方式により評価する方法です。株式等保有特定会社が所有する株式等について，評価通達の定めによって評価した価額（評価差額に対し法人税等相当額を控除します。**図表44−1**）となります。

$$S_2の金額 = \frac{株式等の相続税評価額の合計額 - \left(\begin{array}{c} 株式等の相続税 \\ 評価額の合計額 \end{array} - \begin{array}{c} 株式等の帳簿 \\ 価額の合計額 \end{array}\right) \times 37\%}{課税時期の発行済株式数 - 自己株式の数}$$

（注）　S₂の金額を純資産価額（相続税評価額）によって計算する場合には，同族株主等の保有議決権割合が50％以下であるときであっても，当該純資産価額に対する80％相当額評価の規定の適用はありません。

（法令・通達）　評基通189−3，189，186−2

解説

1　会社の資産構成が，類似業種比準価額方式における標本会社（上場会社）に比して著しく株式等（株式及び出資）に偏っている会社の株価は，その保有する株式等の価値に依存する割合が高く，一般の評価会社に適用される類似業種比準価額方式を適用して適正な株価の算定を行うことができません。

2　課税時期における評価会社の総資産に占める株式等（出資及び新株予約権付社債を含む。）の保有割合が50％以上の会社を「株式等保有特定会社」とし，その株式の評価は，原則として，その資産価値をより良く反映し得る純資産価額方式により評価することとされています（評基通189(2)）。評価会社の経営の実態に応じ実質的に類似業種比準方式の適用も受けられるよう，納税者の選択により，「S₁＋S₂」の算式により評価できることとされています（評基通189－3ただし書）。これは，株式等の資産構成割合が高い会社のなかでも相当規模の事業を営んでいる会社については，その事業相当分の営業の実態も株式の評価に織り込む必要があるとも考えられることから，保有株式等とそれ以外の資産とに区分して，それぞれについての評価を行い，それらを合算するという「S₁＋S₂」方式が設けられたものです。

【図表44－1】「S₁＋S₂」方式の概念図

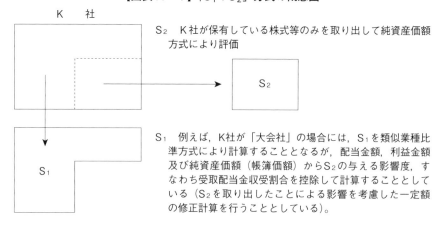

K　社

S₂　K社が保有している株式等のみを取り出して純資産価額方式により評価

S₁　例えば，K社が「大会社」の場合には，S₁を類似業種比準方式により計算することとなるが，配当金額，利益金額及び純資産価額（帳簿価額）からS₂の与える影響度，すなわち受取配当金収受割合を控除して計算することとしている（S₂を取り出したことによる影響を考慮した一定額の修正計算を行うこととしている）。

Q45　株式等保有特定会社判定の留意点

株式等保有特定会社の株式に該当するか否かの判定にあたって注意しなければならないことはありますか。

A　次のとおりです。

（1）　株式等の保有割合の判定にあたって，各資産の価額は，評価通達の定めによって評価します。

　　この場合において，評価会社の各資産に，評価会社が課税時期3年以内に取得（新築）した土地等又は家屋等がある場合や純資産価額（相続税評価額によって計算した金額）によって評価すべき株式などがある場合（株式等保有特定会社の株式を評価するときの「S$_1$＋S$_2$」方式による場合も含む。）には，それぞれ評基通185《純資産価額》及び186－3《評価会社が有する株式等の純資産価額の計算》の定めによります。

（2）　判定の基礎となる株式等は，評価会社が所有している（又は所有しているとみなされる）株式等ですが，次の点に留意する必要があります。

　イ　所有目的又は所有期間のいかんにかかわらずすべての株式等を含みます（流動資産の有価証券として区分されている株式であろうと固定資産の投資有価証券として区分されている株式であろうと，判定の基礎となる株式等に含みます。）。

　ロ　法人税法第12条《信託財産に属する資産及び負債並びに信託財産に帰せられる収益及び費用の帰属》の規定により評価会社が信託財産を有するものとみなされる場合（ただし，評価会社が明らかに当該信託財産の収益の受益権のみを有している場合を除く。）において，その信託財産に株式等が含まれているときには，評価会社が当該株式等を所有しているものとみなします。

　ハ　「出資」とは，「法人」に対する出資をいい，民法上の組合に対する出資は含みません。

ニ 評価会社が課税時期において仮決算を行っていない場合には，1株当た
りの純資産価額（相続税評価額によって計算した金額）の計算方法に関す
る取扱いに準じて，一定の要件の下に直前期末における各資産に基づいて
判定ができます。

46 株式及び出資に該当の可否

株式及び出資に該当するものとしないものがあります。例をあげてください。

A 図表46－1のとおりです。

【図表46－1】株式及び出資に該当するもの，しないものの例示表

該当するもの	証券会社が保有する商品としての株式
	外国株式
	株式制のゴルフ会員権
	特定金銭信託
	会社型不動産投資信託の投資口
	新株予約権付社債
該当しないもの	匿名組合の出資
	証券投資信託の受益証券

解説 ....

1 株式等保有特定会社の株式に該当するかどうかの判定の基礎となる株式及
び出資とは，所有目的又は所有期間のいかんにかかわらず，評価会社が有す
る株式（株式会社の社員たる地位）のすべて及び評価会社の法人に対する出
資（法人の社員たる地位）のすべてをいいます。

（注） 「評価会社が有する株式」には，法人税法第12条《信託財産に属する資産及
び負債並びに信託財産に帰せられる収益及び費用の帰属》の規定により，評
価会社が信託財産に属する株式を有するとみなされる場合も含まれます。た
だし，信託財産のうちに株式が含まれている場合であっても，評価会社が明
らかに当該信託財産の収益の受益権のみを有している場合は除かれます。

2　例示表の事例について，該当，非該当の理由は次のとおりです。

（1）　証券会社が保有する商品としての株式

　商品であっても，株式会社の社員たる地位を取得することに変わりがなく，判定の基礎となる株式及び出資に該当します。

　（注）　株式等保有特定会社に該当するかどうかを判定する場合において，評価会社が金融商品取引業を営む会社であるときには，評価会社の有する株式及び出資の価額には「保管有価証券勘定」に属する株式及び出資の価額を含めないことに留意してください。

（2）　外国株式

　外国株式であっても，外国法人の社員たる地位を取得することに変わりがなく，判定の基礎となる株式及び出資に該当します。

（3）　株式制のゴルフ会員権

　ゴルフ場経営法人等の株主であることを前提としているものであり，判定の基礎となる株式及び出資に該当します。

（4）　匿名組合の出資

　「匿名組合」とは，商法における匿名組合契約に基づくもので「共同出資による企業形態」の一種であり，出資者（匿名組合員）が営業者の営業に対して出資を行い，営業者はその営業から生ずる利益を匿名組合員に分配することを要素とするものです。匿名組合契約により出資したときは，その出資は，営業者の財産に帰属するものとされており（商法536①），匿名組合員の有する権利は，利益分配請求権と契約終了時における出資金返還請求権が一体となった匿名組合契約に基づく債権的権利ということにならざるを得ません。したがって，判定の基礎となる株式及び出資に該当するものとはいえません。

（5）　証券投資信託の受益証券

　受益者に対する分配時課税となる集団投資信託に分類される「証券投資信託」は，不特定多数の投資家から集めた小口資金を大口資金にまとめ，運用の専門家が投資家に代わって株式や公社債など有価証券に分散投資し，これから生じる運用収益を出資口数に応じて分配する制度であり，出資者は，運用収益

の受益者の立場に止まることから，証券投資信託の受益証券は，判定の基礎と
なる株式及び出資に該当するものとはいえません。

　これに対し，「特定金銭信託」は，委託者が受託者に対し金銭を信託し運用
方法や運用先，金額，期間，利率などを委託者が特定できる金銭信託であるこ
とから，運用指図により株式を購入しているケースでは委託者である評価会社
が実質的に信託財産を構成している株式を所有していると認められます。

（6）　会社型不動産投資信託の投資口

　会社型不動産投資信託の投資口は投資法人の社員の地位であり，投資主は投
資法人の社員となります。また，投資主は投資法人の投資主総会において議決
権を有していること等から，当該投資口については法人に対する出資として判
断することが相当であり，判定の基礎となる株式及び出資に該当します（証券
取引所上場のＪリート等）。

（7）　新株予約権付社債

　一定の条件で発行会社の株式に転換することのできる権利の付いた社債のこ
とをいいます。社債の側面を持つ一方，株式と連動して価格形成されることか
ら，株式等の範囲に含められます（**Q41**参照）。

　（注）　新株予約権付社債に係るこの取扱いは，平成30年１月１日以後の相続又は
　　　　贈与に適用。

Q47　土地保有特定会社

土地保有特定会社とはどのような会社をいうのですか。

A　「土地保有特定会社の株式」とは，課税時期において，評価会社の各資
産（自己株式を除きます。）の価額の合計額（相続税評価額）に占める土地等
（土地及び借地権などの土地の上に存する権利をいいます。）の価額の合計額の
割合が，70％以上（中会社及び特定の小会社については，90％以上）の評価会
社の株式をいいます（**Q48**参照）。

　これは，株式等保有特定会社の株式と同様に，会社の総資産に占める各資産の保有状況が，類似業種比準価額方式における標本会社である上場会社に比べて，著しく土地等に偏っており，類似業種比準価額方式を適用すべき前提条件を欠くものと認められるものを，会社の土地等の保有状況の実態を踏まえて，上記の土地等の保有割合の基準により「土地保有特定会社の株式」として定めているものです。

解説……………………………………………………………………………………………
　関連裁判例・裁決例には以下のものがあります。
平成7（行ウ）304　相続税更正処分等取消請求事件　平成10年05月29日　東京地方裁判所

一　相続により取得した財産の価額は，特別の定めのあるものを除き，当該財産の取得の時における時価により評価される（法二二条）。ここにいう「時価」とは，相続開始時における当該財産の客観的交換価値をいい，右交換価値とは，それぞれの財産の現況に応じ，不特定多数の当事者間において自由な取引が行われる場合に通常成立すると認められる価額であって，いわゆる市場価格と同義であると解するのが相当である。

二　本件株式を評価通達の定めに従い土地保有特定会社の株式として純資産価額方式により評価することの適否について

1　相続財産の客観的交換価値といっても，必ずしも一義的に確定されるものではないことから，課税実務においては，相続財産評価の一般的基準が評価通達によって定められ，これに定められた画一的な評価方式によって相続財産の時価，すなわち客観的交換価値を評価するものとしている。これは，相続財産の客観的な交換価値を個別に評価する方法をとると，その評価方式，基礎資料の選択の仕方等により異なった評価額が生じることを避け難く，また，課税庁の事務負担が重くなり，回帰的かつ大量に発生する課税事務の迅速な処理が困難となるおそれがあることなどからして，**あらかじめ定められた評価方式によりこれを画一的に評価する方が，納税者間の公平，納税者の**

便宜，徴税費用の節減という見地から見て合理的であるという理由に基づく
ものであり，したがって，相続財産の価格は，評価通達によって評価するこ
とが著しく不適当と認められる特段の事情がない限り，評価通達に規定され
た評価方法によって画一的に評価するのが相当である。

2　評価通達は，上場株式及び気配相場のある株式とそれ以外の取引相場のな
　い株式とを区別し，前者については取引価格によって評価し，後者について
　は，評価会社の規模，性格，株主の実態等に応じて別の評価方法を定めてい
　るところ，次に述べるとおり，評価通達の定める取引相場のない株式の評価
　方法は合理的なものであり，したがって，右評価方法によらないことが正当
　として是認され得るような特別な事情がある場合を除き，取引相場のない株
　式は右評価方法により評価するのが相当である。

(一)　すなわち，上場株式及び気配相場等のある株式のように大量かつ反復継
　続的に取引が行われている場合には，多数の取引を通じて一定の取引価格が
　形成され，右取引価格は，市場原理を通じてまさに当事者間の主観的事情が
　捨象された当該株式の価値を客観的に反映しているものと考えられる。した
　がって，当該取引価格は原則として株式が客観的に有する交換価値として確
　立したものということができる。しかしながら，取引相場のない株式につい
　ては，そもそも上場株式のように，大量かつ反復継続的な取引は予定されて
　おらず，また，取引事例が存在するとしても，その数がわずかにとどまるに
　すぎない場合には，当事者間の主観的事情に影響されたものでないことをう
　かがわせる特段の事情がない限り，当該実例価格は，売買当事者間の主観的
　事情を離れた当該株式の客観的交換価値を反映したものとは評価できないと
　いうべきである。それゆえ，評価通達は，上場株式及び気配相場等のある株
　式と取引相場のない株式とを区別して，前者についてのみ取引価格によって
　評価することとしているものと解されるのであり，右区別は合理的である。

(二)　そして，我が国において，取引相場のない株式は，株式の圧倒的多数を
　占めており，その発行会社の規模は上場会社に匹敵するものから，個人企業
　と変わらないものまで千差万別であって，会社の株主の構成をみても，いわ

ゆるオーナー株主といわれる株主のほか，従業員株主などの零細な株主が存在していることから，評価通達は，これらの実態を踏まえ，取引相場のない株式の価額について，合理的，かつ，その実態に即した評価を行うため，評価会社をその事業規模に応じて大会社，中会社，小会社に区分し，それぞれの会社の株式の評価に適用すべき原則的評価方式を定めるとともに，零細な株主に代表される「同族株主以外の株主等が取得した株式」については，原則的評価方式に代えて，特例的評価方式である配当還元方式により評価することとしているのである。

(三)　ところで，ある種の財産（たとえば土地，株式）については，その財産についての評価額と実際の取引価額との間に開差を生じさせることになり，右開差がこれを利用した租税回避行為の原因にもなっていることから，課税の公平の観点から，そのような開差の是正とともに，より株式取引の実態に適合するように評価の一層の適正化を図る目的で，平成二年八月三日付け直評一二・直資二－二〇三をもって評価通達の一部改正が行われた（乙一，弁論の全趣旨）。すなわち，評価会社の資産の保有状況，営業の状態等が一般の会社と異なる株式保有特定会社，土地保有特定会社，開業後三年未満の会社等，開業前又は休業中の会社，清算中の会社の各株式については，「特定の評価会社の株式」として特別な評価方法により評価することとし，その具体的な評価方法を評価通達一八九－二ないし一八九－五において定めた。右のうち，土地保有特定会社の株式の評価が純資産価額方式によることとされていることは，前記第二の一2に記載したとおりである。

　土地保有特定会社の株式について評価通達が純資産価額方式を採用した趣旨は，土地保有特定会社の保有する資産の大部分が土地であることから，当該会社の資産性に着目し，その保有する土地等の価値を株価に反映させることにある。評価会社の資産の大部分が土地である場合には，当該評価会社はいわば，「土地の固まり」，すなわち土地そのものであるとみなすことができ，また，しばしば，その会社の所有する土地の価格に着目して会社の身売り（株式の売買）が行われるなど租税回避行為に利用されるという実情がある

ことにかんがみれば，右のような会社の株式の評価に当たって，当該会社の
資産性すなわち土地保有の状況に着目して純資産価額方式を適用するものと
した右評価通達の定めを不合理なものということはできない。

　なお，乙三によれば，昭和六三年度における業種別の会社の土地保有割合
の状況をみると，最も高いものは「映画・娯楽業」（資本金五〇〇〇万円以
上一億円未満）の三三・七パーセントであったことが認められ，このことと，
措置法三二条二項で，評価会社の保有する資産のうちに占める短期保有の土
地の割合が七〇パーセント以上であれば，その会社の株式を譲渡したとして
も，これを当該会社の保有している土地の譲渡とみなして土地重課税を課す
こととしている趣旨とを併せ考慮すれば，評価通達が，大会社の場合，土地
等の価額が総資産の価額に占める割合が七〇パーセント以上であるか否かを
土地保有特定会社に該当するか否かの判断基準としているのは妥当というべ
きである。

3　これに対し，原告は，そもそも，現に事業を継続している会社の株式の評
　価に当たり，清算を前提とした純資産価額方式という評価方法を用いること
　は不適切である，すなわち，事業を継続している会社の株主が現実に取得す
　る利益は配当金のみであるのに，純資産価額方式によると，株価の主要な要
　素である配当性や収益性がほとんどその評価に反映されない反面，地価の高
　騰分のような未実現利益が評価額に組み入れられ，課税されるという結果を
　招くなど妥当性を欠くものである旨主張する。

　　確かに純資産価額方式については，原告が指摘するような問題点がないわ
　けではない。しかしながら，株式は，会社資産に対する割合的持分としての
　性質を有し，会社の所有する総資産価値の割合的支配権を表象したものであ
　り，株主は，株式を保有することによって会社財産を間接的に保有するもの
　であり，当該株式の理論的・客観的な価値は，会社の総資産の価額を発行済
　株式数で除したものと考えられるところである。また，株式の保有が会社財
　産の間接的保有であり，個人事業主が事業用資産を直接所有するのとは所有
　形態を異にすることから，評価通達では，純資産価額方式による純資産価額

の算定に当たっては，①課税時期における各資産を評価通達の定めるところにより評価した価額の合計額から課税時期における各負債の金額の合計額を控除した金額から，②課税時期における相続税評価額による総資産価額の基礎とした各資産の帳簿価額の合計額から課税時期における各負債の金額の合計額を控除した金額を控除した残額がある場合にその残額に五一パーセント（清算所得に対する法人税，事業税，道府県民税及び市町村民税の税率の合計に相当する割合）を乗じて計算した金額を控除するものとし，これにより両者の財産の所有形態の違いによる評価の不均衡を解消することとしているのであり，これらの点を考慮すれば，評価通達が，その保有する資産の大部分が土地である評価会社の株式の評価について，前記2記載のような政策的配慮から，配当性や収益性といったものではなく，会社のその時点における純資産がいくらかということに着目した評価方法を採用していることは，不合理とはいえないというべきである。

Q48　土地保有特定会社の株式の評価方法

土地保有特定会社の株式の評価方法を説明してください。

A　（1）　課税時期において評価会社の有する各資産を評価通達の定めるところにより評価した①総資産価額のうちに占める②土地等の価額の合計額の割合が**図表48－1**の判定基準のいずれかに該当する会社の株式を土地保有特定会社の株式(注)とし，その株式の価額は，原則として純資産価額（相続税評価額）により評価します（評基通189(3)）。

　同族株主以外の株主等が取得した株式については，原則として，配当還元方式により評価します（評基通189-4）。

(注)　開業後3年未満の会社，比準要素数0の会社，開業前又は休業中の会社，清算中の会社のいずれかに該当する場合は除きます。

【図表48－1】特定土地保有会社の総資産に占める土地等の割合

会社規模	判定基準	
大会社	$\dfrac{土地等の価額（相続税評価額）}{総資産価額（相続税評価額）}$	≧70%
中会社	$\dfrac{土地等の価額（相続税評価額）}{総資産価額（相続税評価額）}$	≧90%
小会社	・総資産価額が大会社の基準に該当する会社は，総資産価額に占める土地等の価額の割合 ≧ 70% ・総資産価額が中会社の基準に該当する会社は，総資産価額に占める土地等の価額の割合 ≧ 90% ・上記以外の小会社は対象外	

【図表48－2】土地保有特定会社の検討が必要な小会社

区分	総資産価額（帳簿価額）		
	卸売業	小売業・サービス業	卸売業，小売業・サービス業以外
総資産基準が大会社に該当する小会社	20億円以上	15億円以上	15億円以上
総資産基準が中会社に該当する小会社	7,000万円以上20億円未満	4,000万円以上15億円未満	5,000万円以上15億円未満

（2）　土地保有特定会社の株式の評価は，原則として純資産価額方式により評価します。この場合において，一般の評価会社における株式の評価と同様に，単独の同族株主グループの有する議決権の数によって会社支配を行っている場合の支配力の較差を考慮して，議決権割合50%以下の同族株主グループに属する同族株主等の取得株式については，1株当たりの純資産価額（相続税評価額）の80%相当額の金額によって（20%の評価減を行って）評価することとしています。

　その株式の取得者が，財産評価基本通達188に定める同族株主グループ以外の株主等（いわゆる少数株主）である場合には，たとえ，評価会社が土地保有特定会社などであったとしても，一般の評価会社の株式と同様に配当還

元価額によって評価します。

【図表48－3】土地保有会社評価方式区分表

取得者	評価方式
同族株主	純資産方式（議決権割合50％以下の場合20％減額可）
同族株主以外	配当還元方式（純資産評価＜配当還元方式の場合は純資産方式）

Q49　不動産販売会社がたな卸資産として所有する土地等

土地保有特定会社の株式に該当するかどうかの判定において，不動産販売会社がたな卸資産として所有する土地等はどのように扱われるでしょうか。

A　土地保有特定会社の株式に該当するかどうかの判定の基礎となる土地等は，所有目的や所有期間にかかわらず評価会社が有しているすべての土地等を含むこととしていますので，たな卸資産に該当する土地等も含めて判定します。

なお，この場合の土地等の価額は，たな卸資産として評価します。

法令・通達　評基通4－2，132，133，189(3)

Q50　「比準要素数0の会社の判定要素」の記載方法

「4．開業後3年未満の会社等」の「(2)　比準要素数0の会社」の「判定要素」の「直前期末を基とした判定要素」の記載方法を教えてください。

A　「4．開業後3年未満の会社等」の「(2)　比準要素数0の会社」の「判定要素」の「直前期末を基とした判定要素」の各欄は，当該各欄が示している第4表の「2．比準要素等の金額の計算」の各欄の金額Ⓑ₁，Ⓒ₁，Ⓓ₁を記載します。

なお，評価会社が「(1)　開業後3年未満の会社」に該当する場合には，「(2)比準要素数0の会社」の各欄は記載する必要はありません。

【図表50-1】比準要素数0の会社の判定

判定要素	直前期末基準			直前々期末基準			考え方
	B_1	C_1	D_1	B_2	C_2	D_2	
比準価額	0	0	0	判定不要			B_1, C_1, D_1だけで判定

Q51　開業後3年未満の会社等の株式

開業後3年未満の会社等の株式はどのように評価しますか。

A 開業後3年未満の会社等とは，開業後3年未満の会社と比準要素数0の会社をいいます。課税時期において，**①開業後3年未満の会社又は②評価会社の課税時期直前の類似業種比準価額の計算の基となる「1株当たりの配当金額」，「1株当たりの年利益金額」及び「1株当たりの純資産価額（帳簿価額によって計算した金額)」のそれぞれの金額が，いずれも零である比準要素0の会社の株式**（開業前又は休業中の会社と清算中の会社に該当するものを除きます。）については，**開業後3年未満の会社等**の株式とし，その株式の価額は純資産価額（相続税評価額）により評価します。

ただし，同族株主以外の株主等が取得した株式については，原則として，「同族株主以外の株主等が取得した株式の評価」に掲げる算式によって計算した金額により評価します（評基通189-4）。

（注）　上記文中の②の判定において，配当金額及び利益金額については，**直前期末以前2年間の実績**を反映して判定します（評基通189(4)ロの注）。

（法令・通達）　評基通189(4)，189-4

解説 ……………………………………………………………………………

類似業種比準価額方式は，正常な営業活動を行っている状態にあることを前提として標本会社（上場会社）と評価会社とを比較して評価額を計算するものであるため，その前提を欠くと認められる「開業後3年未満の会社」又は「比

準要素数０の会社」の株式の評価は，原則として，純資産価額方式により評価することとされています（評基通189(4)，189－４）。

Q52　開業前又は休業中の会社の株式

開業前又は休業中の会社の株式は，払込金額で評価することはできませんか。

A　開業前の会社の株式については，株式１株当たりの払込金額によって評価する方法も考えられますが，課税時期が評価会社を設立した後，相当な期間を経過している場合もあります。この場合には，開業前の準備活動や経済情勢の変動によっては，課税時期における評価会社の財産価額と払込金額とが必ずしも一致するとは限らないので，払込金額によって評価することは適当ではありません（評基通189(5)，189－５）。

　評価会社が開業前又は休業中である場合におけるその株式の価額は，１株当たりの純資産価額（相続税評価額）により評価します（評基通189－５）。

（法令・通達）　評基通189(5)，189－５

解説

　取引相場のない株式の原則的評価方式は，評価会社が事業活動を行っていることを前提とし，事業活動の成果である１株当たりの配当金額，利益金額，純資産価額を拠り所として評価します。課税時期において，評価会社がまだ開業するに至っていない場合又は休業中である場合には，配当金額や利益金額などの数値を求められないので，その会社の株式を原則的評価方式（類似業種比準方式）及び配当還元方式によって評価することはできません。

　開業前又は休業中である会社の株式の価額は，純資産価額方式によって計算した金額（課税時期における１株当たりの純資産価額（相続税評価額によって評価した金額））によって評価することとされています。

Q 53　同族株主以外の株主等が取得した開業前又は休業中の会社の株式

同族株主以外の株主等が取得した開業前又は休業中の会社の株式について配当還元方式を使うことができますか。

A　同族株主以外の株主等が取得した開業前又は休業中の会社の株式について配当還元方式は使えません。同族株主以外の株主等が取得した株式についても，純資産価額方式によって評価します。

（法令・通達）　評基通189-5

Q 54　清算中の会社の株式

清算中の会社の株式は純資産評価額で評価することはできませんか。

A　評価会社が清算中である場合におけるその株式の価額は，清算の結果，分配を受ける見込みの金額（2回以上にわたり分配を受ける見込みの場合には，そのそれぞれの金額）の課税時期から分配を受けると見込まれる日までの期間（その期間が1年未満であるとき又はその期間に1年未満の端数があるときは，これを1年とする。）に応ずる基準年利率による複利現価の額（2回以上にわたり分配を受ける見込みの場合には，その合計額）によって評価します（評基通189-6）。

長期にわたり分配を行わず清算中のままになっている会社など，清算の結果分配を受ける見込みの金額や分配を受けると見込まれる日までの期間の算定が困難であると認められる場合には，1株当たりの純資産価額（相続税評価額によって計算した金額）によって評価しても差し支えないこととされています。

（法令・通達）　評基通4-4，185，189(6)，189-6
　　　　　　　　国税庁ホームページ質疑応答事例「長期間清算中の会社」

Ⅳ　第３表「一般の評価会社の株式及び株式に関する権利の価額の計算明細書」の記載方法

Q55 「配当還元方式による価額」欄

「配当還元方式による価額」欄の記載方法を説明してください。

A 「**2．配当還元方式による価額**」欄は，第１表の１の「１．株主及び評価方式の判定」欄又は「２．少数株式所有者の評価方式の判定」欄の判定により納税義務者が配当還元方式を適用する株主に該当する場合に，次により記載します。

（１）「**１株当たりの資本金等の額，発行済株式数等**」の「直前期末の資本金等の額」欄の⑨の金額は，法人税申告書別表五（一）《利益積立金額及び資本金等の額の計算に関する明細書》（以下「別表五（一）」といいます。）の「差引翌期首現在資本金等の額」の「差引合計額」欄の金額を記載します。

【図表55－１】法人税申告書別表五（一）

未納市町村民税（均等割額を含む。）	30	△	△	中間 △ 確定 △	△
差引合計額	31				

Ⅱ　資本金等の額の計算に関する明細書

区分		期首現在資本金等の額	当期の増減 減	当期の増減 増	差引翌期首現在資本金等の額 ①－②＋③
		①	②	③	④
資本金又は出資金	32	円	円	円	円
資本準備金	33				
	34				
	35				
差引合計額	36				

（２）「**直前期末以前２年間の配当金額**」欄は，評価会社の年配当金額の総額を基に，次により記載します。

[図表55-2] 株主資本等変動計算書（サンプル）

株主資本 = 資本金／資本剰余金（資本準備金・その他資本剰余金・資本剰余金合計）／利益剰余金（利益準備金・その他利益剰余金〈任意積立金・繰越利益剰余金〉・利益剰余金合計）／自己株式／株主資本合計。評価・換算差額等 = その他有価証券評価差額金。

	資本金	資本準備金	その他資本剰余金	資本剰余金合計	利益準備金	任意積立金	繰越利益剰余金	利益剰余金合計	自己株式	株主資本合計	その他有価証券評価差額金	新株予約権	純資産合計
前期末残高	100	10	1	11	5	10	15	30	△20	121	5	10	136
当期変動額													
新株発行	40	5		5						45			45
特別償却準備金積立						20	△10	10		10			10
特別償却準備金取崩						△15	15						0
任意積立金の積立						△1		△1		△1			△1
剰余金の配当							△10	△10		△10			△10
当期純利益							8	8		8			8
自己株式の取得									△5	△5			△5
株主資本以外（純額）											△15		△15
当期変動額合計	40	5	0	5	0	4	3	7	△5	47	△15	0	32
当期末残高	140	15	1	16	5	14	18	37	△25	168	△10	10	168

【図表55－3】 配当還元方式による価額

		1株当たりの資本金等の額、発行済株式数等	直前期末の資本金等の額	直前期末の発行済株式数	直前期末の自己株式数	1株当たりの資本金等の額を50円とした場合の発行済株式数 (⑨÷50円)	1株当たりの資本金等の額 (⑨÷(⑩－⑪))
2 配当還元方式による価額			⑨ 千円 法人税別表五(一)	⑩ 株	⑪ 株	⑫ 株	⑬ 円

	直前期以前2年間の配当金額	事業年度	⑭ 年配当金額	⑮ 左のうち非経常的な配当金額	⑯ 差引経常的な年配当金額 (⑭－⑮)	年平均配当金額
		直前期	千円 株主資本等変動計算書	千円 株主総会議事録	⑰ 千円	⑰ (⑨+⑩)÷2 千円
		直前々期	千円 〃	千円 〃	⑳ 千円	

1株(50円)当たりの年配当金額	年平均配当金額(⑰) 千円 ÷	⑫の株式数 株 ＝	⑱ 円 銭	この金額が2円50銭未満の場合には2円50銭とします。

配当還元価額	⑱の金額 円 銭 10% ×	⑬の金額 円 50円 ＝	⑲ 円	⑳ 円	⑲の金額が、原則的評価方式により計算した価額を超える場合には、原則的な評価方式により計算した価額とします。

① 「⑭年配当金額」欄は，各事業年度中に配当金交付の効力が発生した剰余金の配当（資本金等の額の減少によるものを除きます。）の金額を株主資本等変動計算書を参照して記載します。

② 「⑮左のうち非経常的な配当金額」欄には，剰余金の配当金額の算定の基となった配当金額のうち，特別配当，記念配当等の名称による配当金額で，将来，毎期継続することが予想できない金額を株主総会議事録等を参照して記載します。これは，評価の安定性及び安全性を図ることから，通常的な配当金額を求め，その金額を基として評価することとしているからです。

③ 「直前期」欄の記載に当たって，1年未満の事業年度がある場合には，直前期末以前1年間に対応する期間に配当金交付の効力が発生した剰余金の配当金額の総額を記載します。

　なお，「直前々期」欄についても，これに準じて記載します。

④ 評価会社が中間配当を行っている場合には，中間配当の配当金額と期末配当の配当金額との合計額が1年間の配当金額となり，評価会社の事業年度が6ヶ月の場合には，直前期末以前の4事業年度の配当金額の合計額が直前期末以前2年間の配当金額になります。

⑤ 「**配当還元価額**」欄の⑳の金額の記載に当たっては，配当還元方式により
計算した価額が原則的評価方式による価額よりも高いと認められるときには，
「2．配当還元方式による価額」欄の計算を省略しても差し支えありません。
これは，配当還元方式は株式を所有することによる実益面に着目した特例的
な方式であるので，それによる評価額が原則的な方法によって評価した価額
を超える場合に，その特例的な評価方式によって評価することは適当とはい
えないことによるものです。

【図表55－4】配当還元価額の計算欄

額	配当還元価額	⑱の金額　⑬の金額　⑲　　　　　　円　　　　　円　銭　×　　　円　＝　　　円　10%　　50円	⑳　　　　　　円	⑱の金額が、原則的評価方式により計算した価額を超える場合には、原則的評価方式により計算した価額とします。

Q56　配当還元方式

配当還元方式は，類似業種比準方式と同様，直前期末以前2年間の年平均配
当金額を基として計算した1株当たりの配当金額を用いますが，類似業種比
準方式とは異なる点があります。その理由はどのようなものでしょうか。

A　配当還元方式は，類似業種比準価額方式と同様，直前期末以前2年間の
年平均配当金額を基として計算した1株当たりの配当金額を用います。この場
合の年平均配当金額は，類似業種比準価額方式における年平均配当金額の算定
方法と同じです。ただ，配当還元方式にあっては，類似業種比準価額方式と異
なり，年平均配当金額の最低を2円50銭としています。類似業種比準価額計算
上ではこのような扱いはしません。

（法令・通達）　評基通188－2

解説 ………………………………………………………………………………

年配当金額が1株の資本金の額を50円とした場合，2円50銭に満たないとき

又は無配であるときには年配当金額を2円50銭とすることとしているのは，一般的にいって，取引相場のない株式の発行会社においては，実際に配当可能利益があるにもかかわらず，政策的にこれを留保し配当しない場合が多くみられることを考慮しているものです。

Q57　資本（元本）還元率

配当還元方式において資本（元本）還元率を10%としているのは，なぜですか。

A　配当還元方式は，株式を所有することによって受ける利益，すなわち配当金の額を収益とする収益還元の方式です。この方式においては，収益の額と資本（元本）還元率をどのように見積るかという点が評価額に大きく影響します。資本（元本）還元率を10%としているのは，取引相場のない株式は，将来の値上り期待その他配当金の実額による利回り以外の要素がある上場株式とは異なっていること，また，収益が確定的であり，安定している預金，公社債とは異なることなどから，比較的高い還元率を採用することによって評価の安全性を図ることとしたものです。

（法令・通達）　評基通188－2

Q58　「3．株式に関する権利の価額」，「4．株式及び株式に関する権利の価額」

「3．株式に関する権利の価額」と「4．株式及び株式に関する権利の価額」欄の書き方を教えてください。

A　1　配当期待権とは，配当金交付の基準日の翌日から配当金交付の効力が発生する日までの間における配当金を受けることができる権利をいいます。

2　株式の割当てを受ける権利とは，株式の割当基準日の翌日から株式の割当

ての日までの間における株式の割当てを受ける権利をいいます。

3　株主となる権利とは，株式の申込みに対して割当てがあった日^(注1)の翌日から会社の設立登記の日^(注2)の前日間での間における株式の引受けに係る権利をいいます。

（注1）　会社設立の際に引受人が出資の履行をしても設立前の時点では，会社が存在しないため株式は発生せず，出資の履行の日（引受けの日）に「50条1項の規定により株主となる権利」（50条2項）が発生し，会社が設立の登記をした時に，その権利をもっている人に株式が発行されます。

（注2）　新株発行の時には，引受人が出資の履行をした日に株式が発行されますので，会社設立後の株式の割当の場合には，払込みの日をいいます。

4　株式無償交付期待権とは，株式無償交付の基準日の翌日から株式無償交付の効力が発生する日までの間における株式の無償交付を受けることができる権利をいいます。

株式の無償割当ては，会社の一方的な意思により，会社に株式を交付する義務を生じさせる行為です。株主には，出資義務は生じませんし，株主が望まなくても，効力発生日に当然に株式を取得させます。

【図表58－1】

3 株式に関する権利の価額	配　当　期　待　権	1株当たりの予想配当金額　源泉徴収されるべき 　　　　　　　　　　　　所得税相当額 （　　　　円　　　銭）-（　　　円　　　銭）		㉑	円	銭
（1及び2に共通）	株式の割当てを受ける権利 （割当株式1株当たりの価額）	⑧（配当還元方式の　　割当株式1株当たりの 　場合は㉓）の金額　　払込金額 　　　　円－　　　　　円		㉒	円	
	株　主　と　な　る　権　利 （割当株式1株当たりの価額）	⑧（配当還元方式の場合は㉓）の金額（課税時期 後にその株主となる権利につき払い込むべき金額が あるときは，その金額を控除した金額）		㉓	円	
	株式無償交付期待権 （交付される株式1株当たりの価額）	⑧（配当還元方式の場合は㉓）の金額		㉔	円	

5　「4．株式及び株式に関する権利の価額」欄は次により記載します。

①　「株式の評価額」欄には，「①」欄から「⑳」欄までにより計算したその株式の価額を記載します。

②　「株式に関する権利の評価額」欄には，「㉑」欄から「㉔」欄までにより計算した株式に関する権利の価額を記載します。

　なお，株式に関する権利が複数発生している場合には，それぞれの金額ごとに別に記載します（配当期待権の価額は，円単位で円未満2位（銭単位）により記載します。）。

【図表58－2】

4．株式及び株式に関する権利の価額	
(1．及び2．に共通)	
株式の評価額	円
株式に関する権利の評価額	円 （円　　銭）

スタッフへのアドバイス

配当還元方式で誤りやすい注意点

　配当還元方式は，その会社への影響力が極めて小さい株主の株式の評価方法です。会社の財産価値全体ではなく，会社の利益に対する配当金のみに着目することから，評価額は低めに算定されることが多いようです。

　計算も簡便なのですが，次の点には注意が必要です。

① 　**無配株式**

　評価会社が1株（50円）に対して，年配当金額が2円50銭未満及び無配のものについては，実際の配当金額ではなく2円50銭として計算します。

　たとえ無配でも1株25円の評価となるわけです。

② 　**配当還元金額が原則的評価方式により計算した金額を上回る場合**

　配当還元価額が原則的評価方式により計算した金額を超える場合には，低い方の原則的評価方式により計算した金額により評価します。

　原則的評価の価額が0円ということもありますので確認してください。

Q59 「原則的評価方式による価額」の「株式の価額の修正」欄

「原則的評価方式による価額」の「株式の価額の修正」欄の書き方を教えて
ください。

A （1） 一般の評価会社の株式及び株式に関する権利の価額の計算明細書
は，**一般の評価会社の株式及び株式に関する権利の評価**に使用します（特定
の評価会社の株式及び株式に関する権利の評価については，「第6表 特定
の評価会社の株式及び株式に関する権利の価額の計算明細書」を使用しま
す。）。

なお，この表の各欄の金額は，各欄の表示単位未満の端数を切り捨てて記
載します（ただし，下記の（2）に留意してください。）。

（2）「1．原則的評価方式による価額」の「株式の価額の修正」欄の書き方

「**1．原則的評価方式による価額**」の「**株式の価額の修正**」欄の「1株当
たりの割当株式数」及び「1株当たりの割当株式数又は交付株式数」は，1
株未満の株式数を切り捨てずに実際の株式数を記載します。

【図表59－1】「株式の価額の修正」欄

株式の価額の修正	課税時期において配当期待権の発生している場合	株式の価額 （④、⑤又は⑥）			1株当たりの 配当金額		修正後の株式の価額	
				円-		円 銭	⑦	円
	課税時期において株式の割当てを受ける権利、株主となる権利又は株式無償交付期待権の発生している場合	株式の価額 （④、⑤又は⑥(⑦) 〔があるときは(⑦)〕	割当株式1株当 たりの払込金額	1株当たりの 割当株式数		1株当たりの 割当株式数又 は交付株式数	修正後の株式の価額	
		（ 円+	円×	株）÷(1株+		株)	⑧	円

【図表59－2】第3表　一般の評価会社の株式及び株式に関する権利の価額の計算明細書

大会社には適用がありません
（評基通185ただし書）。

第3表　一般の評価会社の株式及び株式に関する権利の価額の計算明細書　会社名

中会社の株式を納税義務者の選択により純資産価額（相続税評価額）で計算する場合にも、この減価割合は適用されません（評基通185ただし書）。

	1株当たりの価額の計算の基となる金額	類似業種比準価額（第4表の㉖、㉘又は㉚の金額）①	1株当たりの純資産価額（第5表の⑪の金額）②	1株当たりの純資産価額の80％相当額（第5表の⑫の金額がある場合のその金額）③

1. 原則的評価方式による価額

区分	1株当たりの価額の算定方法	1株当たりの価額
大会社の株式の価額	①の金額と②の金額とのいずれか低い方の金額（②の記載がないときは①の金額）	④
中会社の株式の価額	①と②とのいずれか低い方の金額 Lの割合 ②の金額（③の金額があるときは③の金額） Lの割合 （ 円× ）＋（ 円×（1－ ）	⑤
小会社の株式の価額	②の金額（③の金額があるときは③の金額）と次の算式によって計算した金額とのいずれか低い方の金額（②の金額がある）（ 円×0.50）＋（ 円×0.50）＝	⑥

株式の価額の修正

1株未満の株式数を切り捨てずに実際の株式数を記載します。

	株式の価額	1株当たりの	修正後の株式の価額
課税時期において株式の割当てを受ける権利、株主となる権利又は株式無償交付期待権の発生している場合	④、⑤又は⑥（があるときは⑦） 円＋ 割当株式1株当たりの払込金額 円	1株当たりの割当株式数又は交付株式数 株× 株÷（1＋ 株）	⑦

2. 配当還元方式による価額

1株当たりの資本金等の額、発行済株式数等	直前期末の資本金等の額 ⑨ 千円	直前期末の発行済株式数 ⑩ 株	直前期末の自己株式数 ⑪ 株	1株当たりの資本金等の額を50円とした場合の発行済株式数 ⑨÷50円 株	1株当たりの資本金等の額 ⑨÷(⑩－⑪) ⑫ 円

特別配当・記念配当など、将来、毎期継続することが予想できない金額を記載。

直前期末以前2年間の配当金額

事業年度	⑭ 年配当金額	⑮ 左のうち非経常的な配当金額	⑯ 差引経常的な年配当金額（⑭－⑮）	年平均配当金額
直前期	千円	千円	千円	⑰ (㋑＋㋺)÷2 千円
直前々期	千円	千円	千円	

各事業年度中に配当金交付の効力が発生した剰余金の配当を記載します（資本金等の額の減少によるものを除く）。

1株（50円）当たりの年配当金額	⑰の金額 ÷ ⑩の株式数 ⑱ 円 銭

この金額が2円50銭未満の場合は2円50銭とします。

配当還元価額	⑱の金額 ⑫の金額 ⑲ 円 銭 × 円 ＝ 円 10% 50円	⑳ 円

⑲の金額が、原則的評価方式により計算した価額を超える場合には、原則的評価方式により計算した価額とします。

3. 株式に関する権利の価額（1及び2に共通）

配当期待権	1株当たりの予想配当金額 源泉徴収されるべき所得税相当額 （ 円 銭）－（ 円 銭）	㉑ 円 銭	4. 株式及び株式に関する権利の価額（1.及び2.に共通）
株式の割当てを受ける権利（割当株式1株当たりの価額）	⑧（配当還元方式の場合は⑳）の金額 割当株式1株当たりの払込金額	㉒	株式の評価額 （ 円 銭）
株主となる権利（割当株式1株当たりの価額）	⑧（配当還元方式の場合は⑳）の金額（課税時期後にその株主となる権利につき払い込むべき金額があるときは、その金額を控除した金額）	㉓	株式に関する権利の評価額 （ 円 銭）
株式無償交付期待権（交付される株式1株当たりの価額）	⑧（配当還元方式の場合は⑳）の金額	㉔	

（取引相場のない株式（出資）の評価明細書）

法人税申告書別表五（一）の「差引翌期首現在資本金等の額」の「差引合計額」欄の金額を記載します。

株式に関する権利の価額 1及び2に共通の株式に関する権利の価額

3株式に関する権利の価額欄の金額を記載します。

（平成三十年一月一日以降用）

Q60 株式の価額の修正

株式の割当てを受ける権利等の発生している株式の価額の修正はどんな方法で行うのですか。修正の趣旨はどんなことですか。

A 次のとおりです。

1 修正方法

原則的評価方式により取引相場のない株式を評価した場合において，その株式が次に掲げる場合に該当するものであるときは，その価額をそれぞれ次の算式により修正した金額によって評価します（評基通187）。

① 課税時期が配当金交付の基準日の翌日から配当金交付の効力が発生する日までの間にある場合

$$\text{原則的評価方式により評価した価額} - \text{株式1株に対して受ける予想配当の金額}$$

② 課税時期が株式の割当ての基準日，株式の割当てのあった日又は株式無償交付の基準日のそれぞれ翌日からこれらの株式の効力が発生する日までの間にある場合

$$\left(\begin{array}{l}\text{原則的評価}\\\text{方式により}\\\text{評価した価額}\end{array} + \begin{array}{l}\text{割当てを受けた}\\\text{株式1株につき}\\\text{払い込むべき金額}\end{array} \times \begin{array}{l}\text{株式1株に}\\\text{対する}\\\text{割当株式数}\end{array}\right) \div \left(\begin{array}{l}\text{株式1株に対する}\\1 + \text{割当株式数又は}\\\text{交付株式数}\end{array}\right)$$

2 修正の趣旨

評価会社が直前期の末日から課税時期までの間に新株発行を行ったときには，課税時期における株式数が新株発行により増加していることになります。類似業種比準価額については，財産評価基本通達184《類似業種比準価額の修正》によって類似業種比準価額を新株発行後の株式数に対応するように新株発行後の価額に修正します。

純資産価額方式の場合における1株当たりの価額は，課税時期における評価

会社の純資産価額（総額）を課税時期における発行済株式数で除して計算することとしています。

　いずれの評価方式の場合においても，その価額は，新株発行後の1株当たりの価額となっています。ところが，課税時期が株式の割当ての基準日からその株式の効力が発生する日までの間にある場合等，いわば新株発行中であるというときには，課税時期においてはその新株発行による株式数の増加は実現していないものの，そのような場合の株式については，課税時期において株式の割当てを受ける権利が発生していることになるので，それらの権利については，財産評価基本通達190《株式の割当てを受ける権利の評価》から193《配当期待権の評価》までに定めるところにより，その権利を株式とは別に独立したものとして評価することとしています。

　このため，評価する株式が，配当期待権や株式の割当てを受ける権利等が発生しているものである場合には，財産評価基本通達187の定めるところにより，原則的評価方式により評価した価額を修正することになります。

　なお，第4表，第5表の株価の修正との関係については**Q121**参照。

Q61　株式及び配当期待権の算定の設例

次の資料に基づき甲会社の株式及び配当期待権の算定を行ってください。
1　課税時期　令和元年11月20日
2　甲会社（小会社）の決算期　令和元年9月30日　1年決算
3　株主総会の決議日　令和元年11月28日
4　配当金は，決算期末の株主に対し1株当たり50円を交付する。
5　原則的評価方式による価額
6　類似業種比準価額　800円　純資産価額　1,600円
7　配当所得に対する源泉徴収税率は20.42%

A　配当期待権とは，「配当金交付の基準日の翌日から配当金交付の効力が生ずる日までの間における配当金を受けることができる権利」をいいます。

　株式発行会社の配当金交付は，株主総会の決議により効力が生じ，配当金交付は基準日における株主に対して行われます。基準日は，設問のように発行会社の決算日となっていることが多いようです。

　配当期待権は，相続開始の日までに配当金支払の決議はないものの，株主総会で決議がされれば配当金交付を受けることができるので，相続財産に計上することが必要です。

　配当期待権の評価は下記のとおりです。

配当期待権＝予想配当金額－源泉徴収額相当額

①　配当期待権の計算は次のとおりです。

　　配当金50円×（1－20.42％）＝39円79銭

②　配当期待権による株価の修正は次のとおりです。

　原則的評価方式による1株当たりの株価

　　800円×0.5＋1,600円×0.5＝1,200円

③　配当期待権が生じていることによる修正は次のとおりです。

　　1,200円－50円＝1,150円

【図表61－1】株式に関する権利の価額

			類 似 業 種 比 準 価 額 （第4表の㉖、㉗又は㉘の金額）	1株当たりの純資産価額 （第5表の⑪の金額）	1株当たりの純資産価額の80% 相当額（第5表の⑫の記載があ る場合のその金額）
	1株当たりの 価額の計算の 基となる金額		① 800 円	② 1,600 円	③ 円

1. 原則的評価方式によ	1株当たりの価額の計算	区　分	1 株 当 た り の 価 額 の 算 定 方 法	1 株 当 た り の 価 額
		大会社の 株式の価額	①の金額と②の金額とのいずれか低い方の金額 （②の記載がないときは①の金額）	④ 円
		中会社の 株式の価額	①と②とのいずれか 低い方の金額　　　Lの割合　　　②の金額（③の金額が あるときは③の金額）　Lの割合 （　　　　円×0.　　　）＋（　　　　円×(1－0.　　))	⑤ 円
		小会社の 株式の価額	②の金額(③の金額があるときは③の金額)と次の算式によって計算した金額と のいずれか低い方の金額 ①の金額　　　②の金額（③の金額がある 　　　　　　　ときは③の金額） （ 800 円×0.50)＋(1,600 円×0.50)＝ 1,200 円	⑥ 円 1,200

3. 株式に関する権利の価額（1.及び2.に共通）	配当期待権	1株当たりの予想配当金額　源泉徴収されるべき 　　　　　　　　　　　　所得税相当額 （ 50 円 銭）－（ 10 円 21 銭）	⑳ 円 銭 39 79	4.株式及び株式に関する権利の価額 （1.及び2.に共通）
	株式の割当てを受ける権利 （割当株式1株当たりの価額）	㉑（配当還元方式の 場合は⑳）の金額　　割当株式1株当たりの 　　　　　　　　　　払込金額 　　　　円－　　　　　　円	㉑ 円	株式の評価額 円 1,150
	株主となる権利 （割当株式1株当たりの価額）	㉒（配当還元方式の場合は⑳）の金額（課税時期 後にその株主となる権利につき払い込むべき金額が あるときは、その金額を控除した金額）	㉒ 円	株式に関する 権利の評価額 （円 79 銭） 39
	株式無償交付期待権 （交付される株式1株当たりの 価額）	㉓（配当還元方式の場合は⑳）の金額	㉓ 円	

解説 ……………………………………………………………………………………

　株主総会による配当金支払の決議後，実際の配当金受領前に相続が開始した場合は，課税時期に配当請求権が生じています。この場合は，配当期待権としてではなく「未収配当金」として相続財産に計上します。

　課税時期が株式に係る基準日から配当金の支払いの効力発生日（株主総会開催日）の間にある場合には，配当期待権が発生していることに注意する必要があります。

V　第4表「類似業種比準価額等の計算明細書」の記載方法

この項のポイントと注意点

1　類似業種比準価額等の計算においては，直前期末以前3年分の法人税の申告書の数字を使います。課税時期直後の決算書の数字は使用できませんのでご注意ください。

2　1株当たりの資本金等の額等の計算において自己株式数は控除して計算します。

3　類似業種比準価額の計算において，評価会社が複数の業種を営んでいる会社であれば，50％を超える業種目があれば，当該業種目によりますが，単独で50％を超える業種目がない場合には一定のルールに基づいて判定することに留意してください。

4　1株当たりの年間配当金額は，必ず2年平均であり，直前期末だけの配当金額ではありません。また，年配当金額は，剰余金の配当をいい，資本金等の減少による配当は含みません（評基通183(1)の注）。

（1）　特別配当，記念配当など継続性のない配当は除きます。

（2）　配当優先株等，配当金額に差異をもたらす種類株を発行している場合は，株式の種類ごとに第4表を作成します。

5　固定資産売却損と保険差益がある場合など，複数の非経常的な損益がある場合には，非経常的な損益のすべてを通算した後，非経常的な利益があれば控除することに注意してください。

6　受取配当の益金不算入額とそれに対応する所得税額については,別表八（一）と別表六（一）を用いて計算します。別表六（一）の12，19又は21は，法人税の納税において「控除を受ける所得税額」の計算をする表です。12，19又は21の合計額から益金の額に算入する受取配当等に対応する所得税額を控除して，益金不算入額に対応する所得税額を算出できます。そのためには別表八（一）の「受取配当等の額の明細」欄の33，36及び42欄等の数字と別表六（一）の7と12欄及び13と19欄を使います。

（1）　具体的には，「受取配当等の額の明細欄」をチェックします。この際，33，36及び42欄の「左のうち益金の額に算入される金額」欄の記載がある銘柄を確認し，その銘柄に対応する益金の額に算入される金額に対応する所得

税額を計算します。益金の額に算入される金額に対応する所得税額は次の式で求めることができます。

A＝当該銘柄に対応する別表六（一）の12又は19欄の金額

B＝別表八（一）の33，36及び42欄の金額

C＝別表八（一）の32，35及び41欄の金額

■株式等の場合　　$\dfrac{\text{益金算入に対応する}}{\text{所得税額D}} = A \times \dfrac{B}{C}$

（2）　別表六（一）の12及び19欄の総額から上の式のDの額を控除すると，受取配当益金不算入額に対応する所得税額を算出することができます。

Q62　類似業種比準価額等の計算明細書

類似業種比準価額等の計算明細書の使用方法を教えてください。

A　この表は，評価会社の「類似業種比準価額」の計算を行うために使用します。

なお，この表の各欄の金額は，各欄の表示単位未満の端数を切り捨てて記載します（「比準割合の計算」欄の要素別比準割合及び比準割合は，それぞれ小数点以下2位未満を切り捨てて記載します。なお，「比準価額の修正」欄の「1株当たりの割当株式数」及び「1株当たりの割当株式数又は交付株式数」は，1株未満の株式数を切り捨てずに実際の株式数を記載します。

【図表62－1】 第4表　類似業種比準価額等の計算明細書

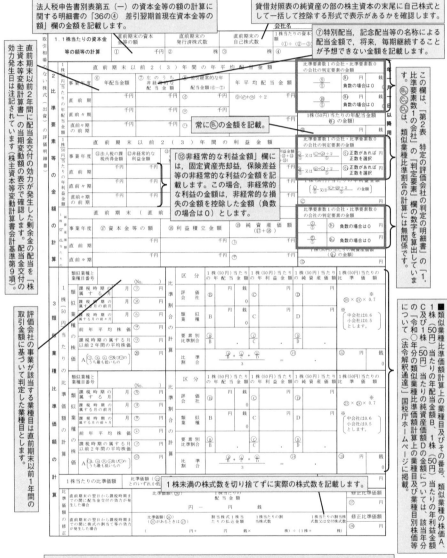

Ｑ63　類似業種比準価額算出方法の趣旨等

類似業種比準価額方式とは，どんな考え方で行う評価の方法でしょうか。

A　1　類似業種比準価額方式の意義

　類似業種比準価額方式は，評価会社の正味の財産である純資産価額（簿価），収益要素である年利益金額及び株主に対する剰余金の配当の３要素を抽出し，事業内容が類似する業種目に属する上場株式のそれらの平均値と比較の上，上場株価に比準して株式の価値を算定する評価方式です。

　不特定多数が自由に参加できる市場で形成された価格がある上場株式と比較して，取引相場のない株式の交換価値を測ろうとするものといえます。

　純資産価額，年利益金額，配当以外にも株価に影響を与える要素としては，事業の種類，将来性，市場占有率，資本の系列，経営者の手腕などがあり，理論的には，類似業種の株価を評価する株式の価額に置きかえる過程においては，上場株式と評価する株式との株価構成要素のすべての差異を織り込むことが合理的であるといえますが，これらの要素には数値化が困難なものも含まれていることから，類似業種比準価額方式においては，これらの株価構成要素のうち，基本的なもの及び直接的なもので計数化が可能な１株当たりの配当金額，利益金額及び純資産価額の３要素を採用しています。

　この方法ですと，評価額が株式相場の変動の影響を強く受けることになります。例えば，同じ株式でも，日経平均が18,000円の時の比準価額と9,000円の時の比準価額では，評価会社の業績が同じでも，異なった数字が出てしまいます。

2　評価の安全性に対する斟酌割合

　「３要素により算定した類似業種比準価額」に大会社，中会社及び小会社の規準区分に応じた一定の割合を乗じた金額により評価することとしているのは，株価を構成する要素の計数化が困難であり，３要素だけで算出した評価額が必ずしも適正な評価水準を保っているとはいえないためです。

　算定された評価額が過大評価になっていないかという不安要因は，比準要素とすることができない株価構成要素があるということだけではありません。取引相場のない株式の発行会社である大半の中小企業は，情報力，組織力のほか技術革新，人材の確保，資金調達力等の点で上場企業に比して劣勢にあり，一般的に，格差が拡大する傾向にあることも考慮する必要があります。評価会社の規模が小さくなるに従って，上場会社との類似性も少なくなります。これらの点を踏まえ，国税庁は，企業格差を評価上適正に反映させることが相当であると考え，算出した比準価額に評価の安全性に対する斟酌率をかけたものを評価額としています。斟酌率は大会社「0.7」を基本とし，中会社については「0.6」，小会社については「0.5」としています。

3　類似業種比準価額方式における各要素の比重

　類似業種比準価額方式における3つの比準要素については，平成12年の改正では，配当金額，利益金額及び簿価純資産価額の比重を1：3：1として取り扱うこととなっていましたが，国税庁で上場会社の最近のデータに基づき，その上場会社の株価に近似する評価額となるかを検証した結果，配当金額，利益金額及び簿価純資産価額の比重を1：1：1とした場合が最も適正に「時価」が算出されると認められたことから，これを踏まえた類似業種比準価額方式の算式に改正（平成29年4月）されています。

4　類似業種の採り方の背景

　類似業種の採り方については，昭和58年4月の財産評価基本通達改正により，その弾力化が図られています。類似業種判定のための業種目は，上場株式の業種別分布を基として業種目を細分していますが，事業内容が多岐にわたる中小企業の業種別分布の実態をみると，業種によっては必ずしも上場株式のそれと同一ではなく，また，最近，企業の事業内容に多角化の傾向がみられることから，細分された業種目を適用するよりも，広くその業種目の属する上位分類の業種目を類似業種とする方が事業内容の実態に即した評価が得られる場合があ

るという背景があり，それを考慮しています。

（参考：税大講本『相続税法』）

Q64 「2．比準要素等の金額の計算」の書き方

「2．比準要素等の金額の計算」の書き方を教えてください。

A 「比準要素等の金額の計算」の各欄は，次により記載します。

（1）「1株（50円）当たりの年配当金額」の「直前期末以前2（3）年間の年平均配当金額」欄は，評価会社の剰余金の配当金額を基に次により記載します。

手元に決算書を用意し，株主資本等変動計算書を開きます。

イ　「⑥年配当金額」欄には，各事業年度中に配当金交付の効力が発生した剰余金の配当（資本金等の額の減少によるものを除きます。）の金額を記載します。具体的には，株主資本等変動計算書の剰余金の配当金額の総額を転記します。

なお，「直前々期」及び「直前々期の前期」の各欄についても，これに準じて記載します。

ロ　「⑦左のうち非経常的な配当金額」欄には，剰余金の配当金額の算定の基となった配当金額のうち，特別配当，記念配当等の名称による配当金額で，将来，毎期継続することが予想できない金額を記載します。

ハ　「直前期」欄の記載にあたって，1年未満の事業年度がある場合には，直前期末以前1年間に対応する期間に配当金交付の効力が発生した剰余金の配当金額の総額を記載します。

（2）「1株（50円）当たりの年配当金額」の「Ⓑ」欄は，「比準要素数1の会社・比準要素数0の会社の判定要素の金額」の「Ⓑ₁」欄の金額を記載します。

法令・通達　会社法453，454①

解説 ··

　「1株当たりの配当金額」は，直前期末以前2年間におけるその会社の剰余金の年配当金額（特別配当，記念配当等の名称による配当金額のうち，将来毎期継続することが予想できない金額を除きます。）の合計額の2分の1に相当する金額を，直前期末における発行済株式数（1株当たりの資本金等の額が50円以外の金額である場合には，直前期末における資本金等の額を50円で除して計算した数によります。）で除して計算します（評基通183(1)）。

　年平均配当金額を過去2年間の平均配当金額によることとしているのは特定の事業年度のみの配当金額を採用することによる評価の危険性を排除し，ある程度の期間における配当金額を平均することによって通常的な配当金額を求め，その配当金額を上場株式のそれと比較することによって安定性のある評価を行うためです。

$$\frac{\text{直前期末以前2年間の配当金額}}{2} \div \begin{array}{l}\text{1株当たりの資本金等の額を}\\ \text{50円とした場合の発行済株式数}\\ \text{（資本金等額÷50円）}\end{array}$$

（注1）　「剰余金の配当金額」は，各事業年度中に配当金交付の効力が発生した剰余金の配当金額（資本金等の額の減少によるものを除く。）を基として計算します。
（注2）　評価会社が中間配当を行っている場合には，中間配当の配当金額と期末配当の配当金額との合計額が1年間の配当金額となり，また，評価会社の事業年度が6ヶ月の場合には，直前期末以前の4事業年度の配当金額の合計額が直前期末以前2年間の配当金額となることに留意します。

【参考】

　旧商法では，類似業種比準方式の比準要素の1つである「1株当たりの配当金額」は，「直前期末以前2年間におけるその会社の利益の年配当金額」を基として計算することとしていました。しかし，平成18年に会社法が施行され，「配当」は旧商法が採っていた各事業年度の決算で確定した「利益処分による配当」ではなく，「剰余金の配当」とされ，株主総会の決議があればいつでも何回でも株主に配当することができることに変更されました。

Q 65　剰余金の配当

評価明細書の書き方に「剰余金の配当（資本金等の額の減少によるものを除きます。）」とありますが，会社法上資本金の配当が剰余金の配当に含められるのでしょうか。

A　会社法の規定による「配当」は，株主に対する利益の配当だけではなく，資本の払戻しも「剰余金の配当」に含めることとされたため，「1株当たりの配当金額」を計算する場合には，剰余金の配当のうち資本の払戻しに該当するものを除くこととされています。

（法令・通達）　会社法453，454，446

Q 66　非経常的な配当の確認方法

経常的な配当か非経常的な配当かを確認するには，どのような書類をチェックしたらよいでしょうか。

A　非経常的な配当であるかは，評価会社の株主総会の議事録を取り寄せることにより確定的に確認できます。

（法令・通達）　会社法454①，309，459，460①

解説

剰余金の配当は，原則として，株主総会において，配当財産の種類やその額などを決定しなければなりません（会社法454①，309）。

例として，令和元年6月25日に開催された日産自動車の株主総会付議事項を掲げます。

第1号議案　剰余金の処理の件
　　当期は中間配当として，1株につき28円50銭の配当を実施しましたが，期末配当
　につきましても，1株につき28円50銭の配当とさせていただきたいと存じます。
　　これにより，中間配当を含めました当期の配当金は，1株につき57円となります。
〈期末配当に関する事項〉
　(1)　株主に対する配当財産の割り当てに関する事項及びその総額
　　　当社普通株式1株につき金28円50銭
　　　総額　119,480,100,270円
　(2)　剰余金の配当が効力を生じる日
　　　令和元年6月26日

　会計監査人設置会社のうち，委員会等設置会社及び取締役の任期を1年とする監査役会設置会社においては，定款で，取締役会の決議をもって，剰余金の配当を行うことができる旨を定めることができます（会社法459）。さらに進んで，株主総会では剰余金の配当の決議を行わない旨を定めることもできます（会社法460①）。

　評価対象会社が取締役会で剰余金の配当を決議している場合には，定款を確認しておくことも必要です。

Q67　種類株式の株式評価

配当に関する優先株や劣後株などの種類株式を発行している会社の株式の評価は，どのように記載したらよいでしょうか。

A　配当に関する優先株や劣後株などの種類株式を発行している会社の株式の評価は，種類株式ごとに第4表の類似業種比準価額等の計算明細書を用意し，各々の配当金を基に年配当金額を計算します。

（法令・通達）　資産評価企画官情報　平成19年3月9日

解説 ⋯⋯⋯⋯⋯⋯⋯⋯⋯⋯⋯⋯⋯⋯⋯⋯⋯⋯⋯⋯⋯⋯⋯⋯⋯⋯⋯⋯⋯⋯⋯⋯

　配当について優先・劣後のある株式を発行している会社の株式を，①類似業

種比準価額方式により評価する場合には，株式の種類ごとにその株式に係る配当金（資本金等の額の減少によるものを除く。以下同じ。）によって評価し，②純資産価額方式により評価する場合には，配当優先の有無にかかわらず，従来どおり財産評価基本通達185《純資産価額》の定めにより評価します。

　（注）　社債類似株式は，財産評価基本通達197－2《利付公社債の評価》の(3)に準じて評価します。

1　類似業種比準方式

　配当について優先・劣後のある株式を発行している会社の株式の評価にあたっては，配当金の多寡は，比準要素のうち「1株当たりの配当金額（Ⓑ）」に影響するので，「1株当たりの配当金額（Ⓑ）」は，株式の種類ごとにその株式に係る実際の配当金により計算します。

2　純資産価額方式

　純資産価額方式で評価する場合には，配当金の多寡は評価の要素としていないことから，配当優先の有無にかかわらず，財産評価基本通達185《純資産価額》の定めにより評価します。

3　評価明細書の記載方法

（1）　種類株式ごとに以下のとおり記載します。

　①　「1．1株当たりの資本金等の額等の計算」

　　　種類株式ごとに区分せず資本金等の額又は株式数を記載します。この場合，「②直前期末の発行済株式数」欄及び「③直前期末の自己株式数」欄については，評価する種類株式の株式数を内書きします。

　②　「2．比準要素等の金額の計算」

　　イ　「1株（50円）当たりの年配当金額」

　　　　種類株式ごとに記載します。この場合，「1株（50円）当たりの年配当金額Ⓑ（Ⓑ₁，Ⓑ₂）」を計算する場合の株式数は，「1．1株当たりの資

本金等の額等の計算」の「⑤1株当たりの資本金等の額を50円とした場合の発行済株式数」欄の株式数に，発行済株式の総数（自己株式数控除後）に占める各種類株式数（自己株式数控除後）の割合を乗じたものとします。

　　ロ　「1株（50円）当たりの年利益金額」及び「1株（50円）当たりの純資産価額」

　　　種類株式ごとに区分せず記載します。

（2）　純資産価額方式（評価明細書第5表）

　　　種類株式ごとに区分せず記載します。

（3）　配当還元方式（評価明細書第3表）

　　　「2．配当還元方式による価額」については，上記（1）の①及び②のイに準じて記載します。

Q68　「1株（50円）当たりの年利益金額」欄

「1株（50円）当たりの年利益金額」の各欄の記載方法を教えてください。

A　「1株（50円）当たりの年利益金額」の「直前期末以前2（3）年間の利益金額」欄，「比準要素数1の会社・比準要素数0の会社の判定要素の金額」の「ⓒ₁」欄，「ⓒ₂」欄及び「ⓒ」欄の記載方法は次のとおりです。

1　「直前期末以前2（3）年間の利益金額」欄

（1）　「⑫非経常的な利益金額」欄には，固定資産売却益，保険差益等の非経常的な利益の金額を記載します。この場合，非経常的な利益の金額は，非経常的な損失の金額を控除した金額（負数の場合は0）とします。

●非経常的な利益かどうかは，評価会社の事業内容，利益の発生理由，臨時偶発性，継続反復性などを検討し個別に判断します。

●種類の異なる非経常的な利益と非経常的な損失がある場合には，非経常的な利益だけを除外するのではなく，非経常的な損失と通算して，差引利益にな

ればこれを除外します。

（２）「直前期」欄の記載にあたって，１年未満の事業年度がある場合には，直前期末以前１年間に対応する期間の利益の金額を記載します。この場合，実際の事業年度に係る利益の金額をあん分する必要があるときは，月数により行います。

なお，「直前々期」及び「直前々期の前期」の各欄についても，これに準じて記載します。

【図表68－1】

1株50円当たりの年利益金額	直前期末以前2（3）年間の利益金額						比準要素数1の会社・比準要素数0の会社の判定要素の金額	
	事業年度	⑪法人税の課税所得金額	⑫非経常的な利益金額	⑬受取配当等の益金不算入額	⑭左の所得税額	⑮損金算入した繰越欠損金の控除額	⑯差引利益金額（⑪－⑫＋⑬－⑭＋⑮）	ⓒ₁又は⑩＋⑫÷2 ⑤　　　　ⓒ₁　　　　円
	直前期	千円	千円	千円	千円	千円	㊁ 千円	ⓒ₂又は⑩＋⑫÷2 ⑤　　　　ⓒ₂　　　　円
	直前々期	千円	千円	千円	千円	千円	㊢ 千円	1株(50円)当たりの年利益金額[ⓒ₁又は⑩＋⑫÷2 ⑤ の金額]
	直前々期の前期	千円	千円	千円	千円	千円	㊥ 千円	ⓒ　　　　円

2　「比準要素数１の会社・比準要素数０の会社の判定要素の金額」の「ⓒ₁」欄，「ⓒ₂」欄及び「ⓒ」欄

「１株（50円）当たりの年利益金額」の「比準要素数１の会社・比準要素数０の会社の判定要素の金額」の「ⓒ₁」欄及び「ⓒ₂」欄は，それぞれ次により記載します。

（１）「ⓒ₁」欄は，㊁の金額（ただし，納税義務者の選択により，㊁の金額と㊢の金額との平均額によることができます。）を⑤の株式数で除した金額を記載します。

（２）「ⓒ₂」欄は，㊢の金額（ただし，納税義務者の選択により，㊢の金額と㊥の金額との平均額によることができます。）を⑤の株式数で除した金額を記載します。

（注１）　ⓒ₁又はⓒ₂の金額が負数のときは，０とします。

（注２）「直前々期の前期」の各欄は，上記の（２）の計算において，㊢の金額と㊥の金額との平均額によらない場合には記載する必要はありません。

3　「1株（50円）当たりの年利益金額」の「Ⓒ」欄

「1株（50円）当たりの年利益金額」の「Ⓒ」欄には，㊁の金額を⑤の株式数で除した金額を記載します。ただし，納税義務者の選択により，直前期末以前2年間における利益金額を基として計算した金額（（㊁＋㊌）÷2）を⑤の株式数で除した金額をⒸの金額とすることができます。

（注）　Ⓒの金額が負数のときは，0とします。

Q 69　1株当たりの利益金額の計算

1株当たりの利益金額の計算の仕組みと計算の狙いを説明してください。

A　1株当たりの利益金額は，直前期末以前1年間における法人税の課税所得金額（固定資産売却益，保険差益等の非経常的な利益の金額を除く。）に，その所得の計算上益金に算入されなかった剰余金の配当（資本金等の額の減少によるものを除く。）等の金額（所得税額に相当する金額を除く。）及び損金に算入された繰越欠損金の控除額を加算した金額（その金額が負数のときは，0とする。）を直前期末における発行済株式数で除して計算した金額です。

ただし，納税義務者の選択により，直前期末以前2年間の各事業年度について，それぞれ法人税の課税所得金額を基として上記に準じて計算した金額の合計額（その合計額が負数のときは，0とする。）の2分の1に相当する金額を直前期末における発行済株式数で除して計算した金額によることができます（評基通183(2)）。

$$\left(\begin{array}{c}\text{法人税の}\\\text{課税所得}\\\text{金額}\end{array} + \begin{array}{c}\text{所得の計算上益金の額に算}\\\text{入されなかった利益の配当}\\\text{金等の金額（所得税額に相}\\\text{当する金額を除く）}\end{array} + \begin{array}{c}\text{損金に算入}\\\text{された繰越}\\\text{欠損金の控}\\\text{除額}\end{array}\right) \div \begin{array}{c}\text{1株当たりの資本金等の}\\\text{額を50円とした場合に}\\\text{おける発行済株式数}\\\text{（資本金等の額÷50円）}\end{array}$$

また，この1株当たりの利益金額については，納税義務者の選択により，直前期末以前2年間の利益金額を基として1株当たりの利益金額の計算ができる

こととしていますが，これは，評価会社における課税時期の直前期末以前1年間の利益金額が，評価会社の個別事情により，その前年の利益金額を大きく上回ることとなる場合には，評価上その利益金額の比準割合の妥当性については問題がないとはいい切れないところがあることから，評価の安全性を考慮しているものです。

（法令・通達）　評基通183⑵

Q70　1株当たりの利益金額

1株当たりの年利益金額（ⓒ）は，複雑な計算をしますが，どのような利益金額を算出するための計算なのでしょうか。

A　「1株当たりの利益金額」は，評価会社と標本会社の比較を「法人税の課税所得」を基にした一定の算式で算出した利益金額で行おうとするものです。法人税の課税所得は，特定の受取配当金が益金不算入とされているので，これを加算し，非経常的な利益を控除し，課税所得から控除されている繰越欠損金を加算して経常的な1株当たりの利益金額を算定しようとするものです。受取配当金は所得税が含まれている金額なので益金不算入された受取配当金に係る所得税を控除します（要は，受取配当金の税引後の金額を法人税の課税所得に加算するというわけです。）。「令和○年分の類似業種比準価額計算上の業種目及び業種目別株価等について（法令解釈通達）」で公表される「1株当たりの利益金額C」も，上場会社の法人税の課税所得金額を基に同一の計算式で算出されています。

（法令・通達）　評基通183⑵

解説

1株当たりの利益金額を法人税の課税所得金額を基として算定することとしているのは，評価会社の利益計算の恣意性を排除し，両者の利益金額について，

同一の算定基準によって計算した実質利益の額を基として両者を比較するのが
合理的であることによるものです。

　類似業種比準価額方式における比準要素としての利益金額は，評価会社の経
常的な収益力を表すものを採用し，これと類似業種の利益金額とを比較対照し
て，評価会社の経常的収益力を株式の価額に反映させるため，評価会社の利益
金額の計算上固定資産の売却益や火災の際の保険差益などの非経常的な利益を
除外することとしています。

　この場合，固定資産売却益等の非経常的な利益について，その利益に基づく
代替資産の取得に伴う圧縮記帳による圧縮額の損金算入がある場合又は固定資
産売却益と固定資産売却損がある場合には，それらの損金の額は固定資産売却
益等の非経常的な利益の金額から控除します。

Q71　　固定資産の譲渡が数回ある場合の「1株当たりの利益金額」の計算

　評価会社の「1株当たりの利益金額」の計算にあたっては，法人税の課税所
得金額から固定資産売却益，保険差益等の非経常的な利益の金額を除外する
こととしていますが，固定資産の譲渡が期中に数回あり，個々の譲渡に売却
益と売却損がある場合，どのように計算するのでしょうか。

A　　個々の譲渡の損益を通算した上，利益の金額があれば法人税の課税所得
金額から除外して計算します。

　1株当たりの利益金額の計算において，非経常的な利益金額を除外すること
としているのは，評価会社に臨時偶発的に生じた収益力を排除し，評価会社の
営む事業に基づく経常的な収益力を株式の価額に反映させるためです。

（法令・通達）　評基通183(2)

Q72 法人税の課税所得金額の別表記載

法人税の課税所得金額は，どの別表に記載されていますか。

A 特定の医療法人を除く普通法人，一般社団法人等及び人格のない社団等は法人税申告書別表一（一）の「所得金額又は欠損金額（別表四「48の①」）の１」欄に記載されています。また，別表四の最下段の「所得金額又は欠損金額48欄の総額①」からもわかります。公益法人等（一般社団法人等を除きます。）及び協同組合等は別表一（二），特定の医療法人は，別表一（三）で同様に記載されています。）。なお，１株当たりの利益の計算においては，固定資産税の売却益，保険差益等の非経常的な利益額を除いて計算します（欠損が発生している場合→Q69参照）。

【図表72－1】別表一（一）

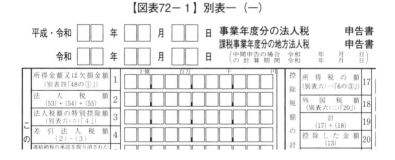

Q73 受取配当等

受取配当等の益金不算入がある場合の法人税の課税所得の仕組みを説明してください。

A 設例として，収益は完全支配関係のある子会社からの配当100万円だけで，費用はその配当に係る源泉所得税20万円及び復興特別所得税4,200円（い

ずれも税額控除が全額可能です。）であるとして説明します（納税充当金の引当てはありません。）。

● この会社の損益計算書における当期純利益は，795,800円（受取配当等の金額100万円－受取配当等に係る源泉所得税20万円及び復興特別所得税4,200円）です。

● 法人税申告書別表一（一）の課税所得金額は，0円です（当期純利益795,800円－受取配当等の益金不算入額100万円＋所得税控除額20万円及び復興特別所得税控除額4,200円）。

【図表73－1】

項目	金額（円）	
受取配当金		1,000,000
源泉所得税	－	200,000
復興特別所得税	－	4,200
損益計算書の税引前当期純利益	＝	795,800
受取配当金益金不算入額	－	1,000,000
所得税控除額	＋	200,000
復興特別所得税控除額	＋	4,200
法人税課税所得金額	＝	0

Q74　類似業種比準価額等の計算明細書の記載例

Q73の計算例に基づいて「第4表　類似業種比準価額等の計算明細書」を作成するとどうなりますか。

A　直前期の「第4表　類似業種比準価額等の計算明細書」の「直前期末以前2（3）年間の利益金額」は，796千円（⑪法人税の課税所得金額0円＋⑬受取配当等の益金不算入額1,000千円－⑭左の所得税額204千円）となります（非経常的な利益金額及び⑮損金算入した繰越欠損金の控除額は0円としています。）。

【図表74－1】

素等の	1株50円当たりの年	直前期末以前 2 (3) 年間の利益金額						比準要素数1の会社・比準要素数0の会社の判定要素の金額	
	事業年度	⑪法人税の課税所得金額	⑫非経常的な利益金額	⑬受取配当等の益金不算入額	⑭左の所得税額	⑮損金算入した繰越欠損金の控除額	⑯差引利益金額 (⑪－⑫＋⑬－⑭＋⑮)	⑮ 又は(⑮+⑨)÷2 ⑥ 円	
	直前期	0 千円	千円	1,000 千円	204 千円	千円	○ 796 千円	⑨ 又は(⑨+⑨)÷2 ⑥ 円	
		千円	千円	千円	千円	千円	㊀ 千円	1株(50円)当たりの年利益金額	

Q75　受取配当等の益金不算入額の別表記載

受取配当等の益金不算入額は，法人税のどの別表に記載されていますか。

A　別表四又は別表八（一）に記載されています。

　別表四であれば，その減算欄の「受取配当等の益金不算入額（別表八（一）「13」又は「26」）14欄」に記載されています（別表八（一）「13」又は「26」の有利な方を選択できます。）。

【図表75－1】別表八（一）

等	計算	期末関連法人株式等の帳簿価額 (30の計)	9		等	計算	に係る負債利子等の額の合計額	
		受取配当等の額から控除する負債利子等の額 (7)×(9)/(8)	10				負債利子控除割合 (21)/(20) (小数点以下3位未満切捨て)	22
							受取配当等の額から控除する負債利子等の額 (19)×(22)	23　円
その他株式等に係る受取配当等の額 (37の計)			11		その他株式等に係る受取配当等の額 (37の計)			24
非支配目的株式等に係る受取配当等の額 (43の計)			12		非支配目的株式等に係る受取配当等の額 (43の計)			25
受取配当等の益金不算入額 (1)+((2)-(10))+(11)×50%+(12)×(20%又は40%)			13	1,000,000	受取配当等の益金不算入額 (14)+((15)-(23))+(24)×50%+(25)×(20%又は40%)			26

Q 76　受取配当等の益金不算入額に係る所得税

この受取配当等の益金不算入額に係る所得税は，法人税申告書の別表のどこを確認してどのように計算すればよいのでしょうか。

A　所有期間に応じた「控除を受ける所得税額」が計算されている別表六（一）と受取配当等の益金不算入額が計算されている別表八（一）から計算します。

具体的には，次のようになります。

① 　別表八（一）の「33欄」，「36欄」，「42欄」に益金の額に算入される受取配当金等がないことが確認できれば，別表六（一）から「控除を受ける所得税」を求めることができます。

② 　益金の額に算入される受取配当等の額がある場合には，それに対応する所得税額を別表六（一）の「控除を受ける所得税額」から控除します。

③ 　**図表76－1及び76－2**を例にしますと，「別表八（一）の36欄」の甲株式会社に係る益金の額に算入される10,000円に対応する所得税額1,531円（別表六（一）の「控除を受ける所得税額　19欄」の15,315円×益金算入額10,000円÷受取配当の額100,000円）を「控除を受ける所得税額15,315円」から差し引きます。

したがって，「第4表　類似業種比準価額等の計算明細書」の受取配当等の益金不算入額に係る所得税額は，340,504円（342,035円－1,531円）となります。

＊　所得税額には，復興特別所得税額が含まれています。

【参考】主な受取配当等の益金不算入の対象となるもの及びならないもの

受取配当等の益金不算入 となるもの	益金不算入の 対象となる額	益金不算入とならないもの	益金 算入額
①株式又は出資に係る剰余金（利益）の配当	全額	A　短期所有株式等に係る配当	全額
②みなし配当	全額	B　自己株式等の取得が予定された株式の取得に係るみなし配当	全額
③特定株式投資信託の収益の分配	全額	C　証券投資信託（③以外）の収益の分配	全額
④資産の流動化に関する法律第115条1項（中間配当）の金銭の分配	全額	D　特定目的会社から支払いを受ける利益の配当	全額

（注1）　③特定株式投資信託は，非支配目的株式等に該当します。

（注2）　③特定株式投資信託のうち，外国株価指数連動型特定株式投資信託の収益の分配金は，益金不算入の対象となりません。

（注3）　外国法人，公益法人等又は人格のない社団等から受けるもの及び適格現物分配に係るものは，益金不算入の対象となりません（法法23①）。

（注4）　その他，益金不算入の対象とならないものとしては，貸付信託の収益の分配額，協同組合等の事業分量分配金及び保険会社の契約者配当金などがあります。

【図表76－1】

| ③ 所得税額の控除に関する明細書 | 事業年度 | 2・4・1
3・3・31 | 法人名 | 株式会社Ａ | 別表六(一) |

区　　分		収 入 金 額 ①	①について課される 所 得 税 額 ②	②のうち控除を受ける 所 得 税 額 ③
公社債及び預貯金の利子、合同運用信託、公社債投資信託及び公社債等運用投資信託（特定公社債等運用投資信託を除く。）の収益の分配並びに特定公社債等運用投資信託の受益権及び特定目的信託の社債的受益権に係る剰余金の配当	1	30,000 円	4,594 円	4,594 円
剰余金の配当（特定公社債等運用投資信託の受益権及び特定目的信託の社債的受益権に係るものを除く。）、利益の配当、剰余金の分配及び金銭の分配（みなし配当等を除く。）	2			
集団投資信託（合同運用信託、公社債投資信託及び公社債等運用投資信託（特定公社債等運用投資信託を除く。）を除く。）の収益の分配	3	1,700,000	347,140	342,035
割 引 債 の 償 還 差 益	4			
そ　　　の　　　他	5			
計	6			

剰余金の配当（特定公社債等運用投資信託の受益権及び特定目的信託の社債的受益権に係るものを除く。）、利益の配当、剰余金の分配及び金銭の分配（みなし配当等を除く。）、集団投資信託（合同運用信託、公社債投資信託及び公社債等運用投資信託（特定公社債等運用投資信託を除く。）を除く。）の収益の分配又は割引債の償還差益に係る控除を受ける所得税額の計算

個別法による場合	銘　　柄	収 入 金 額 7	所 得 税 額 8	配当等の計算期間 9	(9)のうち元本所有期間 10	所有期間割合 (10/9)(小数点以下3位未満切上げ) 11	控除を受ける所得税額 (8)×(11) 12
		円	円	月	月		円

銘柄別簡便法による場合	銘　　柄	収 入 金 額 13	所 得 税 額 14	配当等の計算期末の所有元本数等 15	配当等の計算期首の所有元本数等 16	(15)-(16)/2又は12 (マイナスの場合は0) 17	所有元本割合(16)+(17)/(15)(小数点以下3位未満切上げ)(1を超える場合は1) 18	控除を受ける所得税額(14)×(18) 19
	Ｘ株式	1,000,000	204,200	100,000	100,000	0	1.000	204,200
	Ｙ株式	600,000	122,520	50,000	50,000	0	1.000	122,520
	甲株式	100,000	20,420	10,000	5,000	2,500	0.750	15,315

そ の 他 に 係 る 控 除 を 受 け る 所 得 税 額 の 明 細

支払者の氏名又は法人名	支払者の住所又は所在地	支払を受けた年月日	収 入 金 額 20	控除を受ける所得税額 21	参　考
		・　・	円	円	
		・　・			
		・　・			
		・　・			
計					

【図表76－2】

別表八(一)　令二・四・一以後終了事業年度分

① 受取配当等の益金不算入に関する明細書

事業年度	2・4・1 3・3・31	法人名	株式会社Ａ

御注意 2 1
28｜欄には、措置法第67条の6第1項に規定する特定株式投資信託に収益の分配の額がある場合の当該特定株式投資信託については、「非支配目的株式等」の各欄に記載しますが、このとき、「38」欄には、「特定株式投信」と記載し、「39」、「40」及び「41」の各欄は記載する必要はありません。

	当年度実績により負債利子等の額を計算する場合			基準年度実績により負債利子等の額を計算する場合		
関連法人株式等	完全子法人株式等に係る受取配当等の額 （31の計）	1	円 1,000,000	完全子法人株式等に係る受取配当等の額 （31の計）	14	円 1,000,000
	受取配当等の額 （34の計）	2	600,000	受取配当等の額 （34の計）	15	600,000
	当期に支払う負債利子等の額	3	5,000,000	当期に支払う負債利子等の額	16	5,000,000
	連結法人に支払う負債利子等の額	4		国外支配株主等に係る負債利子等の損金不算入額、関連者等に係る支払利子等若しくは対象純支払利子等の損金不算入額又は恒久的施設に帰せられるべき資本に対応する負債の利子の損金不算入額	17	
	国外支配株主等に係る負債の利子の損金不算入額、関連者等に係る支払利子等若しくは対象純支払利子等の損金不算入額又は恒久的施設に帰せられるべき資本に対応する負債の利子の損金不算入額	5		((別表十七(一)「35」)と(別表十七(二の二)「24」又は別表十七(二の五)「27」)のうち多い金額)又は((別表十七(二の二)「29」又は別表十七(二の五)「32」)と別表十七(二の三)「17」のうち多い金額)		
	((別表十七(一)「35」)と(別表十七(二の二)「24」又は別表十七(二の五)「27」)のうち多い金額)又は((別表十七(二の二)「29」又は別表十七(二の五)「32」)と別表十七(二の三)「17」のうち多い金額)			超過利子額の損金算入額 （別表十七(二の三)「10」）	18	
	超過利子額の損金算入額 （別表十七(二の三)「10」）	6		計 (16)－(17)＋(18)	19	5,000,000
	計 (3)－(4)－(5)＋(6)	7	5,000,000	平成27年4月1日から平成29年3月31日までの間に開始した各事業年度の負債利子等の額の合計額	20	9,500,000
	総資産価額 （29の計）	8	165,000,000	同上の各事業年度の関連法人株式等に係る負債利子等の額の合計額	21	855,000
	期末関連法人株式等の帳簿価額 （30の計）	9	14,000,000	負債利子等の控除割合 (21)/(20) （小数点以下3位未満切捨て）	22	0.090
	受取配当等の額から控除する負債利子等の額 (7)×(9)/(8)	10	424,242	受取配当等の額から控除する負債利子等の額 (19)×(22)	23	円 450,000
その他株式等に係る受取配当等の額 （37の計）		11	90,000	その他株式等に係る受取配当等の額 （37の計）	24	90,000
非支配目的株式等に係る受取配当等の額 （43の計）		12		非支配目的株式等に係る受取配当等の額 （43の計）	25	
受取配当等の益金不算入額 (1)＋((2)－(10))＋(11)×50％＋(12)×20％又は(14)40％		13	1,220,758	受取配当等の益金不算入額 (14)＋((15)－(23))＋(24)×50％＋(25)×20％又は(14)40％	26	1,195,000

当年度実績による場合の総資産価額等の計算

区　分	総資産の帳簿価額 27	連結法人に支払う負債利子等の元本の負債の額等 28	総資産価額 (27)－(28) 29	期末関連法人株式等の帳簿価額 30
前期末現在額	80,000,000 円		80,000,000 円	7,000,000 円
当期末現在額	85,000,000		85,000,000	7,000,000
計	165,000,000		165,000,000	14,000,000

受取配当等の額の明細

	法　人　名	本店の所在地	受取配当等の額の計算期間	受取配当等の額 31			
完全子法人株式等	Ｘ株式会社		31・4・1 2・3・31	1,000,000 円			
	計			1,000,000			

	法　人　名	本店の所在地	受取配当等の額の計算期間	保有割合	受取配当等の額 32	左のうち益金の額に算入される金額 33	益金不算入の対象となる金額 (32)－(33) 34
関連法人株式等	Ｙ株式会社		31・4・1 2・3・31	50%	600,000 円	0 円	600,000 円
	計					0	600,000

	法　人　名	本店の所在地			受取配当等の額 35	左のうち益金の額に算入される金額 36	益金不算入の対象となる金額 (35)－(36) 37
その他株式等	甲株式会社				100,000	10,000	90,000
	計				100,000	10,000	90,000

	法人名又は銘柄 38	本店の所在地 39	基準日 40	保有割合	受取配当等の額 41	左のうち益金の額に算入される金額 42	益金不算入の対象となる金額 (41)－(42) 43
非支配目的株式等					円	円	円
	計						

Q77　1株当たりの純資産価額の算定

1株当たりの純資産価額を算定するのに，法人税法による税務計算上の純資産価額を基とするのは，どのような意味をもっているのでしょうか。

A　法人税法による税務計算上の純資産価額を基として1株当たりの純資産価額を算定することとしているのは，1株当たりの利益金額の計算と同様に評価会社と上場株式の発行会社との純資産価額の計算方法の統一及びその計算方法の簡便化を図る必要があることによるものです。

Q78　1株当たりの純資産価額の具体的計算方法

1株当たりの純資産価額はどのように計算するのでしょうか。また，「1株（50円）当たりの純資産価額」の「⑰資本金等の額」欄及び「⑱利益積立金額」欄の数字は法人税申告書別表五（一）のどの数字を移記するのでしょうか。
また，利益積立金額に相当する金額が負数であるときは，どのように計算しますか。

A　財産評価基本通達は，「**1株当たりの純資産価額**（帳簿価額によって計算した金額）」は，**直前期末における資本金等の額**及び法人税法第2条《定義》第18号に規定する**利益積立金額に相当する金額**（法人税申告書別表五（一）「利益積立金額及び資本金等の額の計算に関する明細書」の差引翌期首現在利益積立金額の差引合計額）**の合計額**を直前期末における発行済株式数で除して計算した金額とするとしています。

$$
\text{1株当たりの純資産価額} = \frac{\text{資本等の額} + \text{法人税法上の利益積立金額}}{\begin{array}{c}\text{1株当たりの資本金等の額を50}\\\text{円とした場合の発行済株式数}\\\text{（資本等の額÷50円）}\end{array}}
$$

（算式）

　法人税法上資本金等の額は，自己株式が控除された金額です。「法人税申告書別表五（一）Ⅱ資本等の額の計算に関する明細書36④」欄に記載されている翌期首現在資本金等の金額は自己株式がある場合には，自己株式を控除した金額です。

　平成18年度改正前の法人税法では，有価証券とは証券取引法（現金融商品取引法）第2条第1項《定義》に規定する有価証券その他これに準ずるもので政令で定めるものをいうものとされており，法人税法に自己株式を有価証券から除外する特段の規定がなかったため，自己株式は法人税法上の有価証券として取り扱われていましたが，平成18年度改正において，有価証券から自己の株式又は出資を除くものと定義され（法法2二十一），自己株式の取得は資本金等の額及び利益積立金額を減算することとされています（法令8①十七，十八，9①十一，十二）。

　利益積立金額に相当する金額が負数である場合には，その負数に相当する金額を資本金等の額から控除するものとし，その控除後の金額が負数となる場合には，その控除後の金額を0とします（評基通183(3)）。

（法令・通達）　評基通183

解説

1　「1株（50円）当たりの純資産価額」の「⑰資本金等の額」欄には，法人税申告書別表五（一）の「36の④」欄の数字を移記します。「⑱利益積立金額」欄には，法人税申告書別表五（一）「31の④」欄の金額を移記します。
2　利益積立金額に相当する金額が負数である場合には，その負数に相当する

金額を資本金等の額から控除するものとし，その控除後の金額が負数となる場合には，その控除後の金額を0とするとは，次のような例をいいます。

【図表78－1】評価明細書第4表

1株当たりの純資産価額	直前期末（直前々期末）の純資産価額			
事業年度	⑰資本金等の額	⑱利益積立金額	⑲純資産価額(⑰+⑱)	
直前期	30,000 千円	▲31,000 千円	㋺	0 千円
直前々期	30,000 千円	▲12,000 千円	㋭	18,000 千円

【図表78－2】法人税申告書別表五（一）

税等	未納市町村民税（均等割額を含む。）	30	△		△	中間 △ 確定 △		△
	差 引 合 計 額	31						

Ⅱ 資本金等の額の計算に関する明細書

区　分		期首現在資本金等の額	当期の増減		差引翌期首現在資本金等の額①-②+③
			減	増	
		①	②	③	④
資本金又は出資金	32	円	円	円	30,000,000 円
資本準備金	33				
	34				
	35				
差引合計額	36				30,000,000

法 0301-0501

【図表78－3】

利益積立金額及び資本金等の額の計算に関する明細書		事業年度	・　・	法人名			別表五(一)
Ⅰ　利益積立金額の計算に関する明細書							
区　　　分		期首現在利益積立金額 ①	当　期　の　増　減			差引翌期首現在利益積立金額 ①－②＋③ ④	
			減 ②		増 ③		
利　益　準　備　金	1	△12,000,000 円	19,000,000 円		円	△31,000,000 円	
積　立　金	2						
	3						
	4						
	5						

繰越損益金（損は赤）	26					
納　税　充　当　金	27					
未納法人税等	未納法人税及び未納復興特別法人税（附帯税を除く。）	28	△	△	中間	△	△
					確定	△	
	未納道府県民税（均等割額及び利子割額を含む。）	29	△	△	中間	△	△
					確定	△	
	未納市町村民税（均等割額を含む。）	30	△	△	中間	△	△
					確定	△	
差　引　合　計　額	31					

3　「1株（50円）当たりの純資産価額」の「比準要素数1の会社・比準要素数0の会社の判定要素の金額」の「⒟₁」欄及び「⒟₂」欄は、それぞれ⒣及び⒥の金額を⑤の株式数で除した金額を記載します。

（注）　⒟₁及び⒟₂の金額が負数のときは、0とします。

4　「1株（50円）当たりの純資産価額」の「⒟」欄には、上記1で計算した⒟₁の金額を記載します。

（注）　⒟の金額が負数のときは、0とします。

【図表78－4】

		直前期末（直前々期末）の純資産価額					比準要素数1の会社・比準要素数0の会社の判定要素の金額	
1株(50円)当たりの純資産価額	事業年度	⑰ 資本金等の額	⑱ 利益積立金額		⑲ 純資産価額（⑰＋⑱）		⑲÷⑤ ⒟₁	0 円
	直前期	30,000 千円	△31,000 千円	㋣	0 千円		⑲÷⑤ ⒟₂	90 円
	直前々期	30,000 千円	△12,000 千円	㋠	18,000 千円		1株(50円)当たりの純資産価額（⒟₁の金額）⒟	0 円

Q 79 「3．類似業種比準価額の計算」の各欄の記載方法

「3．類似業種比準価額の計算」の各欄の記載方法を教えてください。

A　「3．類似業種比準価額の計算」の各欄は，次により記載します。

1　「類似業種と業種目番号」欄には，第1表の1の「事業内容」欄に記載した評価会社の事業内容に応じて，対比表（Q2参照）から選定した類似業種比準価額計算上の業種目及びその番号を記載します。

　　この場合において，評価会社の事業が該当する業種目は直前期末以前1年間の取引金額に基づいて判定した業種目とされています。

2　「類似業種の株価」及び「比準割合の計算」の各欄には，別に定める類似業種の株価A，1株（50円）当たりの年配当金額B，1株（50円）当たりの年利益金額C及び1株（50円）当たりの純資産価額Dの金額を記載します。

【図表79－1】

		類似業種と業種目番号	機械器具小売業 (No. 83)			区　分	1株(50円)当たりの年配当金額	1株(50円)当たりの年利益金額	1株(50円)当たりの純資産価額	1株(50円)当たりの比準価額
3 類似業種の株価	1株(50円)当たりの株価	課税時期の属する月	12月 ⑨ 279 円	比準割合の計算		評価会社 ⑬	⑧ 2 円 0 銭0	ⓒ 5 円	⑩ 0 円	⑳ × ㉑ × 0.7 ※
		課税時期の属する月の前月	11月 ⑩ 261 円							
		課税時期の属する月の前々月	10月 ⑪ 251 円			類似業種 B	⑥ 5 円 1 銭0	C 31 円	D 220 円	※中会社は0.6 小会社は0.5 とします。
		前年平均株価	⑫ 307 円							
		課税時期の属する月以前2年間の平均株価	⑦ 277 円			要素別比準割合	⑱ Ⓑ 0.39	Ⓒ 0.16	Ⓓ 0.	
		A ⑨,⑩,⑪,⑫及び⑦のうち最も低いもの	⑳ 251 円			比準割合	Ⓑ/B + Ⓒ/C + Ⓓ/D ÷ 3 ㉑ = 0.18			㉒ 27 円 1 銭0

3　「比準割合の計算」の「比準割合」欄の比準割合（㉑及び㉔）は，「1株（50円）当たりの年配当金額」，「1株（50円）当たりの年利益金額」及び「1株（50円）当たりの純資産価額」の各欄の要素別比準割合を基に，次の算式により計算した割合を記載します。なお，「比準割合」欄の要素別比準割合及び比準割合は小数点以下2位未満を切り捨てて記載します（取引相場のない株式（出資）の評価明細書の記載方法等第4表）。

$$比準割合 = \frac{\dfrac{Ⓑ}{B} + \dfrac{Ⓒ}{C} + \dfrac{Ⓓ}{D}}{3}$$

4　「1株（50円）当たりの比準価額」欄は，評価会社が第1表の2の「3.
　　会社の規模（Lの割合）の判定」欄により，中会社に判定される会社にあっ
　　ては算式中の「0.7」を「0.6」，小会社に判定される会社にあっては算式中の
　　「0.7」を「0.5」として計算した金額を記載します。

5　「比準価額の修正」欄の「1株当たりの割当株式数」及び「1株当たりの
　　割当株式数又は交付株式数」は，1株未満の株式数を切り捨てずに実際の株
　　式数を記載します。

【図表79－2】

計算	1株当たりの比準価額	比準価額（㉕と㉖とのいずれか低い方） 27 円 1 0銭	×	④の金額 50 円 50円	㉖	27 円
比準価額の修正	直前期末の翌日から課税時期までの間に配当金交付の効力が発生した場合	比準価額（㉖） 円 －	1株当たりの配当金額 円 銭			修正比準価額 ㉗ 円
	直前期末の翌日から課税時期までの間に株式の割当て等の効力が発生した場合	比準価額（㉖）（㉗があるときは㉗） （ 円＋	割当株式1株当たりの払込金額 円 銭×	1株当たりの割当株式数 株）÷（1株＋	1株当たりの割当株式数又は交付株式数 株）	修正比準価額 ㉘ 円

Q80　複数の業種目に係る取引金額が含まれる場合

直前期末以前1年間の取引金額に2以上の業種目に係る取引金額が含まれて
いる場合の業種目はどのように決定したらよいでしょうか。

A　直前期末以前1年間の取引金額に2以上の業種目に係る取引金額が含ま
れている場合の業種目は，業種目別の割合が50％を超える業種目とし，その割
合が50％を超える業種目がない場合は，次に掲げる場合に応じたそれぞれの業
種目とされています。

1　評価会社の事業が1つの中分類の業種目中の2以上の類似する小分類の業
　　種目に属し，それらの業種目別の割合の合計が50％を超える場合

その中分類の中にある類似する小分類の「その他の○○業」

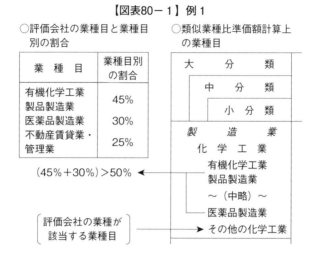

【図表80－1】 例1

○評価会社の業種と業種目別の割合

業　種　目	業種目別の割合
有機化学工業製品製造業	45%
医薬品製造業	30%
不動産賃貸業・管理業	25%

○類似業種比準価額計算上の業種目

（45%＋30%）＞50%

評価会社の業種が該当する業種目

大　　分　　類
中　　分　　類
小　　分　　類
製　　造　　業
化　学　工　業
有機化学工業製品製造業
～（中略）～
医薬品製造業
その他の化学工業

2　評価会社の事業が1つの中分類の業種目中の2以上の類似しない小分類の業種目に属し，それらの業種目別の割合の合計が50%を超える場合（1に該当する場合を除く。）

その中分類の業種目

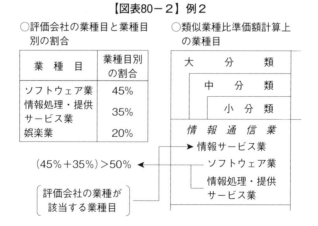

【図表80－2】 例2

○評価会社の業種目と業種目別の割合

業　種　目	業種目別の割合
ソフトウェア業	45%
情報処理・提供サービス業	35%
娯楽業	20%

○類似業種比準価額計算上の業種目

（45%＋35%）＞50%

評価会社の業種が該当する業種目

大　　分　　類
中　　分　　類
小　　分　　類
情　報　通　信　業
情報サービス業
ソフトウェア業
情報処理・提供サービス業

3 評価会社の事業が1つの大分類の業種目中の2以上の類似する中分類の業
種目に属し，それらの業種目別の割合の合計が50%を超える場合
その大分類の中にある類似する中分類の「その他の○○業」

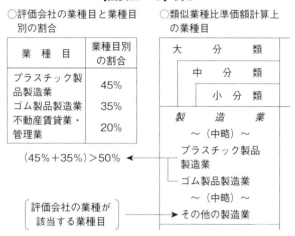

【図表80-3】例3

○評価会社の業種目と業種目
別の割合

業　種　目	業種目別の割合
プラスチック製品製造業	45%
ゴム製品製造業	35%
不動産賃貸業・管理業	20%

（45%+35%）>50% ◀

評価会社の業種が該当する業種目

○類似業種比準価額計算上の業種目

大　　分　　類
　中　　分　　類
　　小　　分　　類

製　　造　　業
　～（中略）～
　プラスチック製品製造業
　ゴム製品製造業
　～（中略）～
その他の製造業

4　評価会社の事業が1つの大分類の業種目中の2以上の類似しない中分類の
業種目に属し，それらの業種目別の割合の合計が50％を超える場合（**3**に該
当する場合を除く。）

その大分類の業種目

【図表80－4】例4

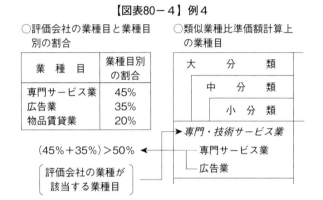

5　1から4のいずれにも該当しない場合

大分類の業種目の中の「その他の産業」

（法令・通達）　評基通181－2

（注）

$$業種目別の割合　＝　\frac{業種目別の取引金額}{評価会社全体の取引金額}$$

【図表80−5】複数の事業を兼業している場合や主たる事業のウェイトがシフトして
いる場合の類似業種の取り方

直前期末1年間の取引金額の割合が50%を超える業種がある				
YES	NO			
50%を超える業種目	1つの中分類の業種目の中で小分類の業種目の割合の合計が50%を超える			
	YES		NO	
	2以上の類似する小分類の業種目である	類似しない小分類の業種目	1つの大分類の業種目中の中分類の業種目別の割合が50%を超えるか	
	YES	NO	YES	NO
	類似する小分類の「その他の○○業」	その中分類の業種目	2以上の中分類の業種目は類似するか	大分類の「その他の産業」
			YES	NO	
			その大分類の中にある類似する中分類の「その他の○○業」	その大分類の業種目	

Q 81 類似業種比準価額の修正

類似業種比準価額の修正を行う必要があるのはどんなときですか。また，修正する方法はどんな方法ですか。

A 類似業種比準価額の計算にあたって，直前期末の翌日から課税時期までの間に，配当金支払いの効力が発生した場合，その配当金は未収配当金として評価の対象とされることとなるので，配当落の価額に修正する必要があります。

【図表81−1】

直前期末
（交付基準日）

株主総会日
（効力発生日）

課税時期

　また，株式の割当てに係る払込期日の経過又は株式無償交付の効力が発生した場合（会社法209，448①②），つまり，増資が行われた場合は，課税時期の発行済株式数は直前期末の発行済株式数よりも増加しているので，比準方式によって計算した類似業種比準価額（新株発行前の旧株1株当たりの価額）を新株発行後の価額に修正する必要があります。

　修正方法は次のとおりです。

　類似業種比準価額を計算した場合において，評価会社の株式が次に該当するときはその価額をそれぞれ次の算式により修正した金額をもって類似業種比準価額とします（評基通184）。

1　直前期末の翌日から課税時期までの間に配当金交付の効力が発生した場合

$$\left(\begin{array}{l}\text{評基通180《類似業種比準価額》}\\\text{の定めにより計算した価額}\end{array}-\begin{array}{l}\text{株式1株に対して}\\\text{受けた配当の金額}\end{array}\right)$$

2　直前期末の翌日から課税時期までの間に株式の割当て等の効力が発生した場合

$$\frac{\begin{array}{l}\text{評基通180《類似業種比準価額》}\\\text{の定めにより計算した価額}\end{array}+\begin{array}{l}\text{割当てを受けた株式1株}\\\text{につき払い込んだ金額}\end{array}\times\begin{array}{l}\text{株式1株に対する}\\\text{割当株式数}\end{array}}{1+\text{株式1株に対する割当株式数又は交付株式数}}$$

●比準価額について

　類似業種比準価額における類似業種の「1株当たりの配当金額」，「1株当たりの年利益金額」及び「1株当たりの純資産価額（帳簿価額によって計算した金額）」は，各標本会社について，それぞれの定め（評基通183の(1)，(2)及び(3)）に準じて計算した1株当たりの配当金額，1株当たりの年利益金額及び1株当たりの純資産価額（帳簿価額によって計算した金額）を基に計算した金額によることとされています。その金額は，法令解釈通達において各年分ごとに定められています（評基通183-2）。

　Q79の類似業種比準価額計算上の業種目及びその番号，並びに，類似業種の株価A，1株（50円）当たりの年配当金額B，1株（50円）当たりの年利益金

額Ｃ及び１株（50円）当たりの純資産価額Ｄの金額については，該当年分の「令和○年分の類似業種比準価額計算上の業種目及び業種目別株価等について（法令解釈通達）」で確認の上記入してください。なお，当該通達については，国税庁ホームページ【http://www.nta.go.jp】上で御覧いただけます。

◉第３表，第６表の株価の修正との関係はQ121参照。

Q82 「資本金等の額」が負数の場合

取得した自己株式を資本金等の額から控除すると「資本金等の額」が負数となる場合があります。この場合の計算はどうするのでしょうか。

A　上場されている自己株式を市場取引により取得した場合に，その取得対価の全額を「資本金等の額」から控除することとなるため，「資本金等の額」を上回る価額で取得したようなときには，「資本金等の額」が負の値となることが考えられます。

しかし，仮に「資本金等の額」が負の値となったとしても，その結果算出された株価（１株当たりの資本金等の額を50円とした場合の株価）に，同じ資本金等の額を基とした負の値（１株当たりの資本金等の額の50円に対する倍数）を乗ずることにより約分されるため，結果として適正な評価額が算出されることとなります。

「④１株当たりの資本金等の額」がマイナスになった場合，「⑤１株当たりの資本金等の額を50円とした場合の発行済株式総数」もマイナスになり，１株当たりの配当金額，年利益金額，純資産価額もマイナスになり，比準割合もマイナスになる結果，最終的な比準価格の算定式は次のようになります。

比準価額(負数)×「④１株当たりの資本金等の額」(負数)÷50円

この結果，算出される比準価額は正数になるわけです。

Q83　課税時期が直前期末より直後期末に近い場合

類似業種比準価額方式により評価する場合に，課税時期が直前期末より直後
期末に近い場合であっても，直前期末の比準数値によって評価するのでしょ
うか。

A　類似業種比準価額を算定する場合の比準数値のそれぞれについて，評基
達183《評価会社の1株当たりの配当金額等の計算》のとおり定めているのは，
標本会社と評価会社の比準要素をできる限り同一の基準で算定することがより
適正な比準価額の算定を可能にすると考えられるほか，課税時期後における影
響要因を排除することをも考慮したものといえることから，仮に直後期末が課
税時期にかなり近い場合であっても，直前期末の比準数値により評価します。

（法令・通達）　評基通183

Ⅵ　第5表「1株当たりの純資産価額（相続税評価額）の計算明細書」の記載方法

この項のポイントと注意点

1　純資産価額方式による評価は，仮決算を行うことが本則ではあるが，課税上弊害がない場合には直前期末の資産及び負債を対象として評価することができ，実務上は，この方法が用いられます。なお，純資産価額方式においては，課税時期が直前期末より直後期末に近い場合は課税上弊害がない限り直後期末を使うことも可能です。

2　直前期末や直後期末の貸借対照表を用いて評価する場合には，株式保有特定会社や土地保有特定会社の判定における貸借対照表も同様のものを用いることに留意してください。

3　株式の所有者とその同族関係者が所有する株式に係る議決権総数が評価会社の議決権総数の50％以下である場合，純資産価額の80％相当額により評価できるとされているのは，純資産価額方式の斟酌であり類似業種比準価額に代えて純資産価額を使用する場合には適用されないことに留意してください。特に中会社において，「類似業種比準価額×L＋純資産価額（80％減額可）×（1－L）」に代えて，純資産価額を用いる場合，「純資産価額（80％減不可）×L＋純資産価額（80％減額可）×（1－L）」となることに留意が必要です。

4　評価会社が所有する取引相場のない株式については，法人税額等相当額の控除はできないことに留意してください。

Q84　1株当たりの純資産価額（相続税評価額）の計算明細書の書き方

1株当たりの純資産価額（相続税評価額）の計算明細書の書き方を教えてください。

A　この表は，「1株当たりの純資産価額（相続税評価額)」の計算のほか，株式保有特定会社及び土地保有特定会社の判定に必要な「総資産価額」，「株式及び出資の価額の合計額」及び「土地等の価額の合計額」の計算にも使用します。

なお，この表の各欄の金額は，各欄の表示単位未満の端数を切り捨てて記載します。

※　純資産価額方式は課税時期において仮決算をすることを本則としていますが，実務では仮決算をすることは極めてまれで，直前期末の決算金額により評価しています。以下のQは，直前期末の決算書を基に評価する場合の留意点です。

【図表84－1】　1株当たりの純資産価額（相続税評価額）の計算明細書

【資産の部の記入要領】

■各欄の表示単位未満の端数を切り捨てて記載します。

第5表　1株当たりの純資産価額（相続税評価額）の計算明細書　会社名

1. 資産及び負債の金額（課税時期現在）

資　産　の　部				負　債　の　部			
科　目	相続税評価額	帳簿価額	備考	科　目	相続税評価額	帳簿価額	備考

1．課税時期前3年以内に取得又は新築した土地等並びに家屋及びその附属設備又は構築物がある場合には、当該土地等又は家屋等の相続税評価額は、課税時期における通常の取引価額に相当する金額（帳簿価額が課税時期における通常の取引価額に相当すると認められる場合には、その帳簿価額に相当する金額）によって評価した価額を記載します。この場合、その土地等又は家屋等は、他の土地等又は家屋等と「科目」欄を別にして、「課税期間前3年以内に取得した土地等」などと記載します。

2．評価会社が所有している取引相場のない株式、出資又は転換社債の価額を純資産価額（相続税評価額）で評価する場合には、評価差額に対する法人税額等相当額の控除を行わないで計算した金額を「相続税評価額」として記載します（なお、その株式などが株式保有特定会社の株式などである場合において、納税義務者の選択により、「（S₁＋S₂）」方式によって評価する場合のS₂の金額の計算においても、評価差額に対する法人税額等相当額の控除は行わないで計算することになります）。この場合、その株式などは、他の株式などと「科目」欄を別にして、「法人税額等相当額の控除不適用の株式」などと記載します。

3．評価の対象となる資産について、帳簿価額がないもの（例えば、借地権、営業権等）であっても相続税評価額が算出される場合には、その評価額を「相続税評価額」欄に記載し、帳簿価額は「0」と記載します。

4．評価の対象となる資産で帳簿価額があるもの（例えば、借地権、営業権等）であっても、その課税価格に算入すべき相続税評価額が算出されない場合には、「相続税評価額」欄に「0」と記載し、その帳簿価額を「帳簿価額」欄に記載します。

5．評価の対象とならないもの（例えば、財産性のない創立費、新株発行費等の繰延資産、繰延税金資産）については、記載しません。

6．「株式及び出資の価額の合計額」欄の①の金額は、評価会社が有している（又は有しているとみなされる）株式及び出資（以下、「株式等」といいます）の相続税評価額の合計額を記載します。この場合、次のことに留意してください。
（イ）所有目的又は所有期間のいかんにかかわらず、すべての株式等の相続税評価額を合計します。
（ロ）法人税法第12条（信託財産に属する資産及び負債並びに信託財産に帰せられる収益及び費用の帰属）の規定により評価会社が信託財産を有するものとみなされる場合（ただし、評価会社が明らかに当該信託財産の収益の受益権のみを有している場合を除きます）において、その信託財産に株式等が含まれているときには、評価会社が当該株式等を所有しているものとみなします。

7．「出資」とは、「法人」に対する出資をいい、証券会社が保有する商品としての株式、外国株式、株式制のゴルフ会員権、株式等で運用している特定金銭信託は、いずれも株式等に該当します。匿名組合の出資、証券投資信託の受益証券は株式等に該当しません。

合　計	①		合　計	③	
株式及び出資の価額の合計額	②				
土地等の価額の合計額	④				
現物出資等受入れ資産の価額の合計額	⑤				

②/①≧50％ならば、株式保有特定会社に該当します（第2表該当欄で判定）。

8．「土地等の価額の合計額」欄の④の金額は、評価会社が所有している（又は所有しているとみなされる）土地等の相続税評価額の合計額を記載します。
④/①が大会社で70％以上、中会社で90％以上、小会社で90％以上（総資産簿価：卸売業20億、卸売業以外は10億円以上に該当する場合は70％以上）は、土地保有特定会社に該当します（第2表該当欄で判定）。

2. 評価差額に対する法人税額等相当額の計算

相続税評価額による純資産価額（①－③）	⑤	千円	課税時期現在の純資産価額（相続税評価額）（⑤－⑧）	⑨	千円
帳簿価額による純資産価額	⑥		課税時期現在の発行済株式数	⑩	株

9．「現物出資等受入れ資産の価額の合計額」欄の⑤の金額は、各資産の中に、現物出資、合併、株式交換又は株式移転により著しく低い価額で受け入れた資産（以下「現物出資等受入れ資産」といいます）がある場合に、現物出資、合併、株式交換又は株式移転の時におけるその現物出資等受入れ資産の相続税評価額の合計額を記載します。ただし、その相続税評価額が、課税時期におけるその現物出資等受入れ資産の相続税評価額を上回る場合には、課税時期におけるその現物出資等受入れ資産の相続税評価額を記載します。
また、現物出資等受入れ資産が合併により著しく低い価額で受け入れた資産（以下「合併受入資産」といいます）である場合に、合併の時又は課税時期におけるその合併受入資産の相続税評価額が、合併受入資産に係る被合併会社の帳簿価額を上回るときは、その帳簿価額を記載します。
（注）「相続税評価額」の「合計」欄の①の金額に占める課税時期における現物出資等受入れ資産の相続税評価額の合計の割合が20％以下の場合には、「現物出資等受入れ資産の価額の合計額」欄は、記載しません。

Q85 純資産価額の算定

1株当たりの純資産価額（相続税評価額によって計算した金額）はどのように算定するのでしょうか。

A 「1株当たりの純資産価額（相続税評価額によって計算した金額）」は，「課税時期における各資産を評価通達に定めるところにより評価した価額の合計額」から「課税時期における各負債の金額の合計額」及び「評価差額に対する法人税額等に相当する金額」を控除した金額を，課税時期における発行済株式数（会社法113④の自己株式を有する場合は，自己株式数を控除した株式数による。）で除して計算します。

（法令・通達） 評基通185，186－2

Q86 課税時期における各資産を評価する場合

課税時期における各資産を評価する場合において，評価会社が課税時期前3年以内に取得又は新築した土地及び土地の上に存する権利並びに家屋及びその附属設備又は構築物の価額は，取得価額で評価するのでしょうか。

A いいえ，課税時期における各資産を評価する場合において評価会社が課税時期前3年以内に取得又は新築した土地及び土地の上に存する権利並びに家屋及びその附属設備又は構築物の価額は，課税時期における通常の取引価額に相当する金額によって評価します。ただし，当該土地等又は当該家屋等に係る帳簿価額が課税時期における通常の取引価額に相当すると認められるときは，当該帳簿価額に相当する金額によって評価することができます。

（法令・通達） 評基通185

解説 ┈┈

　課税時期前3年以内に取得した土地等又は家屋についての取扱いはあくまで
も相続税法第22条に規定する「時価」の解釈の延長線上の取扱い（「時価」の
測定方法に関するもの）です。土地等又は家屋等の価額は，あくまでも，課税
時期における「時価」，すなわち「通常の取引価額」により，「取得価額」によ
るものでないことに留意しなければなりません。

　もっとも，この取扱いにおいても，実務上の簡便処理に配慮し，その土地等
の帳簿価額（原則として「取得価額」）が課税時期における「通常の取引価額」
に相当すると認められるときには，その帳簿価額に相当する金額によって評価
することが認められています。

Q87　発行済株式数

　1株当たりの純資産価額（相続税評価額によって計算した金額）の計算を行
う場合の「発行済株式数」は，直前期末の株数でしょうか。

A　1株当たりの純資産価額（相続税評価額によって計算した金額）の計算
を行う場合の「発行済株式数」は，直前期末ではなく，課税時期における実際
の発行済株式数です。

（法令・通達）　評基通185

Q88　一部の事項について議決権を行使できない株式

　株主総会の一部の事項について議決権を行使できない株式に係る議決権は，
100分の80を乗じた純資産価額によることができる場合の議決権総数には含
めなくてもよいでしょうか。

A　いいえ，「議決権の合計数」及び「議決権総数」には財産評価基本通達

188-5《種類株式がある場合の議決権総数等》の「株主総会の一部の事項について議決権を行使できない株式に係る議決権の数」を含めます。

法令・通達　評基通185

Q89 「資産及び負債の金額（課税時期現在）」各欄の記載方法

「1. 資産及び負債の金額（課税時期現在）」の各欄への，課税時期における評価会社の各資産及び各負債の記載方法を教えてください。

A　「1. 資産及び負債の金額（課税時期現在）」の各欄は，課税時期における評価会社の各資産及び各負債について，次により記載します。

（1）「資産の部」の「相続税評価額」欄には，課税時期における評価会社の各資産について，財産評価基本通達の定めにより評価した価額（以下「相続税評価額」といいます。）を次により記載します。

イ　課税時期前3年以内に取得又は新築した土地及び土地の上に存する権利（以下「土地等」といいます。）並びに家屋及びその附属設備又は構築物（以下「家屋等」といいます。）がある場合には，当該土地等又は家屋等の相続税評価額は，課税時期における通常の取引価額に相当する金額（ただし，その土地等又は家屋等の帳簿価額が課税時期における通常の取引価額に相当すると認められる場合には，その帳簿価額に相当する金額）によって評価した価額を記載します。この場合，その土地等又は家屋等は，他の土地等又は家屋等と「科目」欄を別にして，「課税時期前3年以内に取得した土地等」などと記載します。

ロ　取引相場のない株式，出資又は転換社債（財産評価基本通達197-5《転換社債型新株予約権付社債の評価》の(3)のロに定めるものをいいます。）の価額を純資産価額（相続税評価額）で評価する場合には，評価差額に対する法人税額等相当額の控除を行わないで計算した金額を「相続税評価額」として記載します（なお，その株式などが株式保有特定会社の株式な

どである場合において，納税義務者の選択により，「$S_1 + S_2$」方式によって評価する場合のS_2の金額の計算においても，評価差額に対する法人税額等相当額の控除は行わないで計算することになります。）。この場合，その株式などは，他の株式などと「科目」欄を別にして，「法人税額等相当額の控除不適用の株式」などと記載します。

ハ　評価の対象となる資産について，帳簿価額がないもの（例えば，借地権，営業権等）であっても相続税評価額が算出される場合には，その評価額を「相続税評価額」欄に記載し，「帳簿価額」欄には「0」と記載します。

ニ　評価の対象となる資産で帳簿価額のあるもの（例えば，借家権，営業権等）であっても，その課税価格に算入すべき相続税評価額が算出されない場合には，「相続税評価額」欄に「0」と記載し，その帳簿価額を「帳簿価額」欄に記載します。

ホ　評価の対象とならないもの（例えば，財産性のない創立費，新株発行費等の繰延資産，繰延税金資産）については，記載しません。

ヘ　「株式及び出資の価額の合計額」欄の⑦の金額は，評価会社が有している（又は有しているとみなされる）株式及び出資（以下「株式等」といいます。）の相続税評価額の合計額を記載します。この場合，次のことに留意してください。

　（イ）　所有目的又は所有期間のいかんにかかわらず，すべての株式等の相続税評価額を合計します。

　（ロ）　法人税法第12条《信託財産に属する資産及び負債並びに信託財産に帰せられる収益及び費用の帰属》の規定により評価会社が信託財産を有するものとみなされる場合（ただし，評価会社が明らかに当該信託財産の収益の受益権のみを有している場合を除きます。）において，その信託財産に株式等が含まれているときには，評価会社が当該株式等を所有しているものとみなします。

　（ハ）　「出資」とは，「法人」に対する出資をいい，民法上の組合等に対する出資は含まれません。

ト 「土地等の価額の合計額」欄の㈥の金額は，上記のへに準じて評価会社が所有している（又は所有しているとみなされる）土地等の相続税評価額の合計額を記載します。

チ 「現物出資等受入れ資産の価額の合計額」欄の㈢の金額は，各資産の中に，現物出資，合併，株式交換又は株式移転により著しく低い価額で受け入れた資産（以下「現物出資等受入れ資産」といいます。）がある場合に，現物出資，合併，株式交換又は株式移転の時におけるその現物出資等受入れ資産の相続税評価額の合計額を記載します。

ただし，その相続税評価額が，課税時期におけるその現物出資等受入れ資産の相続税評価額を上回る場合には，課税時期におけるその現物出資等受入れ資産の相続税評価額を記載します。

また，現物出資等受入れ資産が合併により著しく低い価額で受け入れた資産（以下「合併受入資産」といいます。）である場合に，合併の時又は課税時期におけるその合併受入資産の相続税評価額が，合併受入資産に係る被合併会社の帳簿価額を上回るときは，その帳簿価額を記載します。

（注）「相続税評価額」の「合計」欄の①の金額に占める課税時期における現物出資等受入れ資産の相続税評価額の合計の割合が20％以下の場合には，「現物出資等受入れ資産の価額の合計額」欄は，記載しません。

（2）「資産の部」の「帳簿価額」欄には，「資産の部」の「相続税評価額」欄に評価額が記載された各資産についての課税時期における税務計算上の帳簿価額を記載します。

（注1） 固定資産に係る減価償却累計額，特別償却準備金及び圧縮記帳に係る引当金又は積立金の金額がある場合には，それらの金額をそれぞれの引当金等に対応する資産の帳簿価額から控除した金額をその固定資産の帳簿価額とします。

（注2） 営業権に含めて評価の対象となる特許権，漁業権等の資産の帳簿価額は，営業権の帳簿価額に含めて記載します。

（3）「負債の部」の「相続税評価額」欄には，評価会社の課税時期における各負債の金額を，「帳簿価額」欄には，「負債の部」の「相続税評価額」欄に

評価額が記載された各負債の税務計算上の帳簿価額をそれぞれ記載します。この場合，貸倒引当金，退職給与引当金，納税引当金及びその他の引当金，準備金並びに繰延税金負債に相当する金額は，負債に該当しないものとします。ただし，退職給与引当金のうち，平成14年改正法人税法附則第8条《退職給与引当金に関する経過措置》第2項及び第3項適用後の退職給与引当金（法人税申告書別表十一（三）の「26」の金額。以下「経過措置適用後の退職給与引当金」といいます。）勘定の金額に相当する金額は負債とします。

　なお，次の金額は，帳簿に負債としての記載がない場合であっても，課税時期において未払いとなっているものは負債として「相続税評価額」欄及び「帳簿価額」欄のいずれにも記載します。

イ　未払租税公課，未払利息等の金額

ロ　課税時期以前に賦課期日のあった固定資産税及び都市計画税の税額

ハ　被相続人の死亡により，相続人その他の者に支給することが確定した退職手当金，功労金その他これらに準ずる給与の金額（ただし，経過措置適用後の退職給与引当金の取崩しにより支給されるものは除きます。）

ニ　課税時期の属する事業年度に係る法人税額（地方法人税額を含みます。），消費税額（地方消費税額を含みます。），事業税額（地方法人特別税額を含みます。），道府県民税額及び市町村民税額のうち，その事業年度開始の日から課税時期までの期間に対応する金額

（4）　1株当たりの純資産価額（相続税評価額）の計算は，上記（1）から（3）の説明のとおり課税時期における各資産及び各負債の金額によることとしていますが，評価会社が課税時期において仮決算を行っていないため，課税時期における資産及び負債の金額が明確でない場合において，直前期末から課税時期までの間に資産及び負債について著しく増減がないため評価額の計算に影響が少ないと認められるときは，課税時期における各資産及び各負債の金額は，次により計算しても差し支えありません。このように計算した場合には，第2表の「2．株式等保有特定会社」欄及び「3．土地保有特定会社」欄の判定における総資産価額等についても，同様に取り扱われるこ

とになりますので，これらの特定の評価会社の判定時期と純資産価額及び株
式保有特定会社のS₂の計算時期は同一となります。

イ 「相続税評価額」欄については，直前期末の資産及び負債の課税時期の
　相続税評価額

ロ 「帳簿価額」欄については，直前期末の資産及び負債の帳簿価額

（注1） イ及びロの場合において，帳簿に負債としての記載がない場合であって
　も，次の金額は，負債として取り扱うことに留意してください。

　① 未払租税公課，未払利息等の金額

　② 直前期末日以前に賦課期日のあった固定資産税及び都市計画税の税額の
　　うち，未払いとなっている金額

　③ 直前期末日後から課税時期までに確定した剰余金の配当等の金額

　④ 被相続人の死亡により，相続人その他の者に支給することが確定した退
　　職手当金，功労金その他これらに準ずる給与の金額（ただし，経過措置適
　　用後の退職給与引当金の取崩しにより支給されるものは除きます。）

（注2） 被相続人の死亡により評価会社が生命保険金を取得する場合には，その
　生命保険金請求権（未収保険金）の金額を「資産の部」の「相続税評価額」
　欄及び「帳簿価額」欄のいずれにも記載します。

（ 法令・通達 ） 評基通185，186，186－2，186－3

【図表89-1】
資産の部

勘定科目	留　意　点	備　考
預　貯　金	課税時期の解約利息から源泉徴収される所得税等を控除したものを加算する。	法人税申告書「勘定科目内訳書」評価額証明書（未経過利息が計算してある残高証明書）
投資信託等	課税時期の基準価額等	基準価額が記載された残高証明書参考資料としては月次報告書
受　取　手　形	（1）支払期限の到来している受取手形等又は課税時期から6ヶ月を経過する日までの間に支払期限の到来する受取手形等の価額は，その券面額によって評価する。 （2）（1）以外の受取手形等については，課税時期において銀行等の金融機関において割引を行った場合に回収し得ると認める金額によって評価する。 課税時期における回収不能額を控除して評価する。	
売　掛　金	課税時期における回収不能額を控除して評価する。	
未収入金	課税時期における回収不能額を控除して評価する。	
短期貸付金	課税時期における既経過利息の額を元本価額に加算する。 課税時期における回収不能額を控除して評価する。	
商　　品	棚卸資産として，原則として下記により評価する。 販売価額－適正利潤－予定経費－消費税額 通常は，「帳簿価額と一致」する。	
投資有価証券 （上場株式）	次の株価のうち最も低い株価で評価 課税時期（亡くなった日）の終値 課税時期（亡くなった日）の月の終値平均 課税時期（亡くなった日）の前月の終値平均 課税時期（亡くなった日）の前々月の終値平均	
非上場株式	取引相場のない株式として相続税評価額を算出する。 純資産価額方式による評価上は，評価差額に対する法人税相当額の控除（40%控除）は適用されない。評基通186-3	
ゴルフ会員権	取引相場×0.7	

勘定科目	留意点	備考
仮 払 金	内容を精査し，財産性のあるものだけを抽出し，評価明細書第5表の「帳簿価額」欄に記載する。相続税評価額は各々の財産による。	財産性のない前払費用については，「帳簿価額」欄にも計上しない。
前 払 費 用	未経過利息，前払家賃など財産性のないものは，「帳簿価額」欄も「相続税評価額」欄も記載不要。 財産性のあるものの相続税評価額は各々の財産による。	財産性のない前払費用については，「帳簿価額」欄にも計上しない。 返還される金額があるときは財産的価値があると考えられる。
繰延税金資産	簿価に記載があっても資産性がないので「帳簿価額」欄，「相続税評価額」欄はともに「0」とする。	財産性のない前払費用，繰延資産，繰延税金資産等の帳簿価額は，総資産価額（帳簿価額によって計算した金額）の計算上ないものとする。
建 物	「帳簿価額」欄は未償却残高（償却超過額を加算，不足額減算）「相続税評価額」欄は固定資産税評価額。 課税時期3年以内に取得したものは，通常の取引価額とする。評基通185	たな卸資産に該当する土地等や家屋等については，たとえ，評価会社が課税時期前3年以内に取得したものであっても，評基通4の2，132及び133の定めるところにより，たな卸資産として評価する。
建物附属設備	建物の固定資産税評価額の計算対象となっているものは，「帳簿価額」欄は簿価を記入，「相続税評価額」欄は「0」。	
機 械 装 置	市場価額があるものは市場価額による。 「帳簿価額」欄は未償却残高（償却超過額を加算，不足額減算）。	
土 地	相続税評価額。 課税時期3年以内に取得したものは，通常の取引価額とする。評基通185	たな卸資産に該当する土地等や家屋等については，たとえ，評価会社が課税時期前3年以内に取得したものであっても，評基通4の2，132及び133の定めるところにより，たな卸資産として評価する。
借 地 権	簿価があるものは「帳簿価額」欄は簿価を記載。「相続税評価額」欄は，相続税評価額を計算して記載する。 地主が同族関係者の場合は，実際地代と相当地代，無償返還届出の有無等に注意する。 課税時期3年以内に取得したものは，通常の取引価額とする。評基通185	賃貸借契約書 過去3年分の支払地代の額 無償返還の届出書
無償返還届出のある借地	賃貸借ならば底地の更地価格（相続税評価額）の20%を借地権として「帳簿価額」欄にも，「相続税評価額」欄にも記載する。使用貸借ならば「0」。	無償不還の届出書 賃貸借契約書

勘定科目	留意点	備考
借　家　権	「帳簿価額」欄に計上がある借家権でも「相続税評価額」欄は「0」。	有償取得した借家権であっても，借家権取引の慣行がある地域の借家権を除き，資産に計上する必要はない。この場合の借家権については，相続税評価額が0円であっても，「帳簿価額」欄にはそのまま資産計上する。評基通94，185
保　証　料	原則として，課税時期に繰り上げ償還すれば還付される金額を計上する。	税評価額が0円であっても，「帳簿価額」欄にはそのまま資産計上する。評基通94，185
電話加入権	加入権1本当たりの標準価額に加入本数を乗じて評価する。	
未収保険料	保険事故が発生している生命保険契約に係る保険金で，相続税評価額，帳簿価額とも同額を計上する。	保険積立金を控除した額
保険積立金	保険事故が発生しているものについては，未収保険料として計上しており，すでに資産性はなくしているので相続税評価，帳簿価額とも計上しない。課税時期に保険事故が発生していない生命保険契約で，支払保険料が資産計上されていないものは，「生命保険契約に関する権利」として個々の契約に係る解約返戻金相当額により評価する。評基通185，214	
特　許　権	権利者自らが特許発明した場合の特許権は，財産評価基本通達に定める「営業権の評価」として取り扱う。評基通145	
創立費・開業費・株式交付費・開発費・試験研究費等の繰延資産	「試験研究費等」の繰延資産は「財産性がない」ため，決算上の帳簿残高があっても，相続税評価額，帳簿価額とも「0」にする。	財産性のない前払費用，繰延資産，繰延税金資産等の帳簿価額は，総資産価額（帳簿価額によって計算した金額）の計算上ないものとする。
営　業　権	財産評価基本通達に定める方法で評価した結果0円となるものは，「帳簿価額」欄は簿価を記入し，「相続税評価額」欄は「0」円とする。	
資産調整勘定	簿価に記載があっても資産性がないので「帳簿価額」欄，「相続税評価額」欄はともに「0」とする。	財産性のない前払費用，繰延資産，繰延税金資産等の帳簿価額は，総資産価額（帳簿価額によって計算した金額）の計算上ないものとする。

【図表89-2】 負債の部

勘 定 科 目	留 意 点	備 考
貸 倒 引 当 金	貸倒引当金，退職給与引当金（平成14年改正法人税法附則第8条第2項及び第3項の適用後の退職給与引当金勘定の金額に相当する金額（法人税申告書別表十一（三）の「26」の金額）は負債として計上する。その他の引当金は財産性がなく，純資産価額及び評価差額の計算上負債に該当しないので，「帳簿価額」欄も0表示する。評基通186	
退 職 給 与 引 当 金		
返 品 調 整 引 当 金		
賞 与 引 当 金		
納 税 引 当 金		
土 地 圧 縮 引 当 金	帳簿価額から控除する。	
機械装置圧縮引当金		
建物減価償却累計額	それぞれ対応する各資産の帳簿価額から控除するから，帳簿価額にも記載しない。	
車両運搬具減価償却累計額		
機械装置減価償却累計額		
未 払 法 人 税	課税時期の属する事業年度に係る法人税額，消費税額，事業税額，道府県民税額及び市町村民税額のうち，その事業年度開始の日から課税時期までの期間に対応する金額（課税時期において未払いのものに限る）。	「帳簿価額」と「相続税評価額」欄に同じ金額を計上する。
未 払 消 費 税		
未 払 都 道 府 県 税		
未 払 市 町 村 税		
未 払 事 業 税		
未 払 固 定 資 産 税	課税時期以前に賦課期日のあった固定資産税の税額のうち，課税時期において未払いの金額	「帳簿価額」と「相続税評価額」欄に同じ金額を計上する。
退 職 金	被相続人の死亡により，相続人その他の者に支給することが確定した退職手当金，功労金その他これらに準ずる給与の金額	「帳簿価額」と「相続税評価額」欄に同じ金額を計上する。
保険差益に対する法人税	（生命保険金請求権－退職金）×37%	「帳簿価額」と「相続税評価額」欄に同じ金額を計上する。

Q 90　「2．評価差額に対する法人税額等相当額の計算」及び
　　　　「3．1株当たりの純資産価額の計算」の各欄の記載方法

「2．評価差額に対する法人税額等相当額の計算」及び「3．1株当たりの純資産価額の計算」の各欄の記載方法を教えてください。

A　1　「2．評価差額に対する法人税額等相当額の計算」欄の「帳簿価額による純資産価額」及び「評価差額に相当する金額」がマイナスとなる場合は，「0」と記載します。

2　「3．1株当たりの純資産価額の計算」の各欄は，次により記載します。

（1）「課税時期現在の発行済株式数」欄は，課税時期における発行済株式の総数を記載しますが，評価会社が自己株式を有している場合には，その自己株式の数を控除した株式数を記載します。

（2）「同族株主等の議決権割合（第1表の1の⑤の割合）が50％以下の場合」欄は，納税義務者が議決権割合（第1表の1の⑤の割合）50％以下の株主グループに属するときにのみ記載します。

（注）　納税義務者が議決権割合50％以下の株主グループに属するかどうかの判定には，Q15〜Q18に注意してください。

$$
\left(
\begin{array}{l}
\text{総資産価額（相続} \\
\text{税評価額によって} \\
\text{計算した金額）}
\end{array}
-
\begin{array}{l}
\text{負債} \\
\text{の合} \\
\text{計額}
\end{array}
-
\begin{array}{l}
\text{評価差額に対} \\
\text{する法人税額} \\
\text{等相当額}^{※}
\end{array}
\right)
\div
\begin{array}{l}
\text{課税時期に} \\
\text{おける発行} \\
\text{済株式数}
\end{array}
$$

$$
\begin{array}{l}
{}^{※}\text{評価差額に対する} \\
\text{　法人税額等相当額}
\end{array}
=
\left(
\begin{array}{l}
\text{相続税評価によ} \\
\text{る純資産価額}
\end{array}
-
\begin{array}{l}
\text{帳簿価額によ} \\
\text{る純資産価額}
\end{array}
\right)
\times 37\%
$$

Q 91 未払租税公課の確認の仕方

未払法人税額等は，法人税の確定申告書のどの別表に記載されていますか。
また，その内容も説明してください。

A 未払法人税額等は別表五（二）（租税公課の納付状況等に関する明細書）
に記載されています。

解説 ....

1 別表五（二）の内容

別表五（二）では，法人税（復興特別法人税を含む），法人道府県民税，法
人市町村民税，法人事業税並びにその他欄において損金算入の利子税及び損金
不算入の加算税等の納付状況等が記載されています。表の概要は，次のように
なっています。

●期首現在未払税額①

法人税の確定申告書を提出する当該事業年度（当期）開始の日においてその
事業年度前の各事業年度に係る未払税額が記載されています。

●当期発生税額②

法人税の確定申告書を提出する当該事業年度（当期）に係る税額が記載され
ています。

●当期中の納付税額（当期中に納付した状況が記載されています。）

・充当金取崩しによる納付③

納税充当金を取り崩して納付された場合にこの欄に記載されます。

・仮払経理による納付④

仮払金（仮払税金）勘定において納付された場合にこの欄に記載されます。

・損金経理による納付⑤

納付税額が租税公課勘定等で損金の額に算入された場合にこの欄に記載
されます。

●期末現在未払税額⑥（＝①＋②－③－④－⑤）

　当期末において未納である税額が計算されます。

　なお，事業税の納付は，納税充当金の取崩しによることがありますが，ここ
では，損金経理による場合を掲げています。

2　別表五（二）の未払の消費税及び地方消費税の記載

　未払の消費税及び地方消費税（以下，消費税等といいます。）は，税込経理
の場合には，別表五（二）に記載されていることもありますが，必ずしも記載
されるとは限りませんので注意が必要です。

　消費税等の処理には，税抜経理と税込経理がありますので，場合を分けて説
明します。

（1）　税抜経理の場合

　この表には，未払消費税等が記載されることはありません。未払消費税等は，
貸借対照表の負債の部に計上されている未払消費税（等）の金額ですから，こ
れを未払消費税等として負債に計上します。

（2）　税込経理の場合

　消費税等は，原則として消費税の申告をした日の属する事業年度の損金とな
ります。ただし，継続して申告期限未到来の消費税等を未払金に計上し，損金
の額に算入しているときは損金算入が認められます。したがって，次のように
なります。

●消費税等を未払経理したときには，（1）と同様，貸借対照表の負債の部に
　計上された未払消費税等が評価明細書第5表に記載する未払消費税等となり
　ます。

●消費税を未払経理しないときには，当該課税期間に係る未払消費税等が貸借
　対照表の負債の部に計上されませんので，未払消費税等の金額は，その課税
　期間の消費税の確定申告書の「消費税及び地方消費税の合計（納付又は還

付）税額」㉖欄の金額から把握します。ただし，当該課税期間前の各課税期間に係る消費税等が未払いの場合には，通常，これらの金額は貸借対照表の負債の部に未払消費税等として計上されています。

3　未払固定資産税

未納固定資産税の納付状況は，必ずしも別表五（二）の「その他」欄の「損金算入のもの」に個別に記載されているとは限りません。記載がなければ，法人税の確定申告書に添付されている未払金等の内訳書をチェックし，計上がないときは未払税額がないと考えられますが，念のため固定資産税について未払いがあるかどうか当該法人に照会することになります。

Q92　純資産価額方式と類似業種比準価額の純資産価額の違い

純資産価額方式の純資産価額と類似業種比準価額の純資産価額とは異なりますか。

A　純資産価額方式とは，評価会社の課税時期現在における資産・負債を評価通達の定めによって評価した価額（相続税評価額）に評価替えするなどして，1株当たりの価額を算出する評価方式をいいます。したがって，純資産価額方式における純資産価額（相続税評価額）は，資本金等の額と法人税法上の利益積立に相当する金額の合計額を基にした類似業種比準方式で用いる評価会社の1株当たりの純資産価額（簿価）とは異なっていることに留意する必要があります。

（法令・通達）　評基通180，183(3)，185

Q93　20%の評価減

議決権割合50%以下の同族株主グループに属する同族株主の取得株式及び同族株主のいない会社の株主（15%以上30%未満所有グループ）の取得株式を1株当たりの純資産価額（相続税評価額によって計算した金額）によって評価するときは，純資産価額方式により計算した1株当たりの純資産価額の80%相当額の金額によって評価することになっていますが，どのような理由で20%の評価減を認めているのでしょうか。

A　100分の80を乗じた純資産価額によることができるのは，中会社の併用方式の算式中の純資産価額及び小会社の純資産価額です（大会社と中会社の株式を納税義務者の選択により純資産価額によって評価する場合には適用されません。）（評基通185）。

議決権割合50%以下の同族株主グループに属する同族株主の取得株式及び同族株主のいない会社の株主（株主及び同族関係者グループで有する議決権割合が15%以上30%未満の株主をいいます。）の取得株式を1株当たりの純資産価額（相続税評価額によって計算した金額）によって評価するときは，純資産価額方式により計算した1株当たりの純資産価額の80%相当額の金額によって評価することとしているのは，次の理由です。

① 小会社における同族株主による会社経営の実態は，個人事業者の場合と実質的にはほとんど変わらないものが多いこと

② 小会社の中には複数の同族株主グループにより会社経営を行っているものがあり，このような小会社では，1同族株主グループの所有株式数だけでは会社を完全支配できないという実態が認められること

このような実態を踏まえ，単独の同族株主グループの所有株式数によって会社支配を行っている場合の支配力との較差を考慮して，小会社や中会社であっても原則的な評価方法における純資産評価の部分においては持株割合の合計が50%以下である同族株主グループに属する株主の取得株式を純資産価額方式により評価する場合には，20%の評価減を行うこととされています。友人4人で

始めた会社で，4人が各4分の1ずつ議決権株式を所有していたら，確かに，単独支配はできません。単独支配できない株式は規模が小さければ小さいほど，評価額と実際の換価額に開きが生ずる蓋然性は大きな会社より高くなるのは理解できます。

　これに対し，個人事業者とは規模が異なる大会社と中会社の株式の評価においては，類似業種比準価額によるのが原則とされ，納税義務者が純資産価額（相続税評価額によって計算した金額）を選択する場合には，この減価割合は適用されません。

【図表93－1】80％相当額に減額可・不可一覧表

会社区分	評価方法の原則	適用可否	選択可能な評価方法	適用可否
大会社	類似業種比準価額	－	純資産価額（80％に減額不可）	×
中会社	類似業種比準価額×L＋純資産価額（80％に減額可）×（1－L）	○	純資産価額（80％に減額不可）×L＋純資産価額（80％に減額可）×（1－L）	△
小会社	純資産価額（80％に減額可）	○	類似業種比準価額×0.5＋純資産価額（80％に減額可）×0.5	○
比準要素数1の会社	純資産価額（80％に減額可）	○	類似業種比準価額×0.25＋純資産価額（80％に減額可）×0.75	○
株式保有特定会社	純資産価額（80％に減額可）	○	$S_1＋S_2$方式（80％に減額不可）	×
土地保有特定会社	純資産価額（80％に減額可）	○	－	－
開業後3年未満等の会社	純資産価額（80％に減額可）	○	－	－
開業前又は休業中の会社	純資産価額（80％に減額不可）	×	－	－
清算中の会社	清算分配見込額	×	例外として純資産価額方式	×

Q 94　総資産価額を相続税評価額によって計算する場合

総資産価額を相続税評価額によって計算する場合の注意事項をあげてください。

A　総資産価額（相続税評価額によって計算した金額）は，課税時期における評価会社の各資産をこの財産評価基本通達の定める方法によって評価した合計額によります。

帳簿価額のない無償取得による借地権，特許権，営業権についても財産評価基本通達に定めるところによって評価する必要がある反面，企業会計原則上，将来の費用として資産計上されている繰延資産など財産性のないものについては，帳簿価額があるものであっても評価を要しません。

評価会社が課税時期前3年以内に取得又は新築した土地及び借地権などの土地の上に存する権利（以下「土地等」という。）並びに家屋及びその附属設備又は構築物（以下「家屋等」という。）の価額は，路線価等によって評価するのではなく，これらの各資産の課税時期における通常の取引価額に相当する金額によって評価することとされています（帳簿価額が通常の取引価額に相当すると認められる場合は当該帳簿価額）。

なお，評価会社のたな卸資産に該当する土地等や家屋等については，たとえ，評価会社が課税時期前3年以内に取得したものであっても，財産評価基本通達4の2，132及び133の定めるところによりたな卸資産として評価しますが，有価証券については，財産評価基本通達の定めにより評価する点に留意する必要があります。

Q95　勘定科目の評価

1株当たりの純資産価額（相続税評価額によって計算した金額）の計算にあたり，評価会社が資産の部に計上している次のような勘定科目については，どのように評価すればよいでしょうか。
① 保険料，賃貸料等の前払費用
② 有償取得した借家権
③ 生命保険契約に係る支払保険料

A いずれの場合も，財産的価値（換価価値）があるかどうかにより判断しますが，具体的には次のとおりです。

① 保険料，賃貸料等の前払費用

課税時期においてこれらの費用に財産的価値があるか否かによります。その前払費用を支出する起因となった契約を課税時期において解約すると返還される金額があるときは財産的価値があると考えられます。

なお，将来の費用の塊（service potentials）として資産計上されている財産性のない前払費用については，「帳簿価額」欄にも計上する必要はありません（評基通185）。

② 有償取得した借家権

有償取得した借家権であっても，借家権取引の慣行がある地域の借家権を除き，資産に計上する必要はありません。この場合の借家権については，相続税評価額が0円であっても，「帳簿価額」欄にはそのまま資産計上しておきます（評基通94，185）。

③ 生命保険契約に係る支払保険料

課税時期において，まだ保険事故の発生していない生命保険契約に関する支払保険料や保険積立金については，生命保険契約に関する権利として課税時期における解約返戻金等の相当額を資産計上します（評基通185，214）。

法令・通達　評基通94，185，214

Q96 生命保険金

1株当たりの純資産価額（相続税評価額によって計算した金額）の計算にあたり，被相続人の死亡を保険事故として評価会社が受け取った生命保険金は，資産に計上する必要があるでしょうか。また，その生命保険金から被相続人に係る死亡退職金を支払った場合には，どのような取扱いになるでしょうか。

A 被相続人の死亡に伴い，評価会社が生命保険金を受け取った場合で，その生命保険金から被相続人に係る死亡退職金を支払った場合には，次のように「1株当たりの純資産価額」を計算します。

① 受け取った生命保険金の額を生命保険金請求権として資産に計上します。この場合，「相続税評価額」及び「帳簿価額」のいずれにも資産計上します。

② その生命保険契約により支払った保険料について，保険積立金等の資産に計上している勘定科目がある場合，その生命保険契約に関する支払いに相当する金額を「相続税評価額」及び「帳簿価額」のいずれからも控除します。

③ その生命保険金を原資として被相続人に係る死亡退職金を支払った場合には，「相続税評価額」及び「帳簿価額」のいずれにも負債計上します。

④ 資産に計上した生命保険金請求権（保険積立金等を控除した残額）から支払った死亡退職金の額を控除した後の保険差益に課税されることとなる法人税額等について「保険差益に対する未払法人税額等」として「相続税評価額」及び「帳簿価額」のいずれにも負債計上します。なお，評価会社が法人税法第57条《青色申告書を提出した事業年度の欠損金の繰越し》に規定する欠損金があった場合には，保険差益の額から欠損額を控除して法人税額等を計算します。

（法令・通達） 評基通185，186，186－2

Q97 帳簿価額によって計算した総資産価額

評価明細書に記載する「帳簿価額によって計算した総資産価額」について特に注意が必要な点はなんですか。

A 総資産価額（帳簿価額によって計算した金額）は，総資産価額（相続税評価額によって計算した金額）の計算の基礎とした評価会社の各資産の帳簿価額の合計額によります。

この場合における帳簿価額とは，各資産の帳簿価額とされるべき金額をいいます。例えば，減価償却超過額のある減価償却資産は，その資産の課税時期における帳簿価額に，本来あるべきその減価償却超過額に相当する金額を加算した金額を記載します。税務計算上，帳簿価額について加算又は減算を要する金額がある資産の帳簿価額はその加算又は減算後の価額，つまり税務計算上の帳簿価額によります。

また，総資産価額（帳簿価額によって計算した金額）は，評価差額に対する法人税額等相当額の計算の基となることから，次の点に注意する必要があります。

① 減価償却資産の帳簿価額は，その資産の取得価額から減価償却累計額及び特別償却準備金を控除した後の金額によります。

② 減価償却資産で，その減価償却額の計算上減価償却超過額のあるものの帳簿価額は，課税時期におけるその資産の帳簿価額に減価償却超過額を加算した金額とするなど，税務計算上その帳簿価額を加算又は減算する必要がある資産については，その加算又は減算後の価額，つまり税務計算上の帳簿価額によります。

③ 固定資産で圧縮記帳に係る引当金が設けられているものの帳簿価額は，その資産の帳簿価額から圧縮記帳に係る引当金を控除した後の金額によります。

④ 財産性のない前払費用，繰延資産，繰延税金資産等の帳簿価額は，総資産価額（帳簿価額によって計算した金額）の計算上ないものとします。

(法令・通達) 評基通186

Q 98　総資産価額計算上の負債
総資産価額計算上の負債についてはどんな点に注意すべきでしょうか。

A　貸倒引当金，退職給与引当金，納税引当金その他の引当金及び準備金に相当する金額は負債に含まれません。

（法令・通達）　評基通186

解説 ....

（1）　貸倒引当金，退職給与引当金，納税引当金その他の引当金及び準備金に相当する金額は負債に含まれません。

　引当金及び準備金を負債に含めないこととしているのは，個人企業の負債については，相続税法第14条の規定により確実な債務に限り債務控除の対象とし，これらの引当金及び準備金については債務としては取り扱わないこととされているので，個人の企業用財産の評価とのバランスを考慮してこれらの引当金及び準備金の額を債務に含めないこととしたものです。

（2）　次に掲げる金額は負債に含まれます（評基通186）。
①　課税時期の属する事業年度に係る法人税額，消費税額，事業税額，道府県民税額及び市町村民税額のうち，その事業年度開始の日から課税時期までの期間に対応する金額（課税時期において未払いのものに限ります。）
②　課税時期以前に賦課期日のあった固定資産税の税額のうち，課税時期において未払いの金額
③　被相続人の死亡により，相続人その他の者に支給することが確定した退職手当金，功労金その他これらに準ずる給与の金額
④　直前期末基準を採用した場合において，直前期末の翌日から課税時期までの間に確定した配当金及び役員賞与の金額は，負債に計上して純資産価額を計算します。

Q99　被相続人の死亡に伴う費用

　1株当たりの純資産価額（相続税評価額によって計算した金額）の計算にあたり，評価会社が被相続人の死亡に伴い負担又は支払った次のような費用は，負債に計上してよいでしょうか。
　①　評価会社が負担した葬式費用（社葬費用）
　②　評価会社が相続人に対して支払った弔慰金

A　次のとおりです。

①　評価会社が負担した葬式費用（社葬費用）

　社葬費用であっても，相続開始に伴う直接的な費用であり，また，相続税法上も課税価格の計算上控除することから，負債に計上しても差し支えありません。ただし，社会通念上明らかに故人の遺族が負担すべきであると認められる費用は負債計上できません（相法13①二，法基通9－7－19）。

②　評価会社が相続人に対して支払った弔慰金

　被相続人の死亡に伴い評価会社が相続人に対して支払った弔慰金については，相続税法第3条（相続又は遺贈により取得したものとみなす場合）第1項第2号により退職手当金等に該当するものとして相続税の課税価格に算入されることとなる金額に限り，株式の評価上，負債に該当するものとして純資産価額の計算上控除します。したがって，同号の規定により退職手当金等とみなされない弔慰金については，純資産価額の計算上，負債に該当しません。

（法令・通達）　相法3①二，相基通3－18〜20，評基通186(3)

Q 100　法人税率の推移

純資産価額方式で評価する場合，課税時期における評価会社の純資産価額（相続税評価額）から評価差額に対する法人税等相当額を控除した価額を発行済株式数で除して計算します。最近，税率が頻繁に変わったそうですがどのように変わったのでしょうか。

A　図表100－1のとおりです。

【図表100－1】法人税率等の推移

適用時期	昭和62年4月1日以降	平成元年4月1日以降	平成2年4月1日以降	平成10年4月1日以降	平成11年4月1日以降	平成22年4月1日以降	平成24年4月1日以降	平成26年4月1日以降	平成27年4月1日以降	平成28年4月1日以降
税率	56%	53%	51%	47%	42%	45%	42%	40%	38%	37%

解説

　純資産価額の計算上，会社資産の評価替えに伴って生ずる評価差額に相当する部分の金額に対する法人税額等に相当する金額を会社の正味財産価額の計算上控除することとしているのは，小会社の株式といえども株式である以上は，株式の所有を通じて会社の資産を所有することとなるので，個人事業主がその事業用資産を直接所有するのとでは，その所有形態が異なるため，両者の事業用資産の所有形態を経済的に同一の条件のもとに置きかえた上で評価の均衡を図る必要があることによるものです。

　なお，仮に，その会社が解散するとした場合には，株主に分配金が支給され，その分配金は配当所得として所得税や住民税の課税を受けるのですが，この所得税等相当額は控除の対象とされていません。

（算式）

純資産価額 ＝ （総資産※価額 － 負債の合計額 － 評価差額に対する法人税額等に相当する金額） ÷ 発行済株式数

※　相続税評価額による総資産価額

　法人税額等相当額の計算は，評価差額に法人税等の合計割合を乗じて計算します。平成28年度税制改正により，法人税率が23.9％から23.4％に引き下げられ，平成28年4月1日以後に開始する事業年度から適用することとされました。

　その後さらに，地方法人特別税が廃止され特別法人事業税が創設されるとともに，道府県民税及び市町村民税の税率も改正され，令和元年10月1日以後に開始する事業年度から適用することとされています。

　(注)　**図表100－2**のとおり，法人税率の引下げに伴う平成28年4月1日以後の「法人税率等の合計割合」と地方法人特別税の廃止及び特別法人事業税の創設等を受けた令和元年10月1日以後の「法人税率等の合計割合」は，同じ割合（37％）となることから，その割合については，改正しないこととされています。

【図表100－2】

イ　平成28年4月1日以後の「法人税率等の合計割合」の内訳

		税　率	根　拠　条　文	備　考
法人税	①法人税	23.4%	法人税法66① 所得税法等の一部を改正する法律附則26	
	②地方法人税	1.03%	地方法人税法10①	法人税額×4.4%
事業税	③事業税	6.7%	地方税法72の24の7①三 地方法人特別税等暫定措置法2	
	④地方法人特別税	2.89%	地方税法72の24の7①三 地方法人特別税等暫定措置法2及び9	
⑤道府県民税		0.75%	地方税法51①	法人税割の税率。 法人税額×3.2%
⑥市町村民税		2.27%	地方税法314の4①	法人税割の税率。 法人税額×9.7%
⑦合　計		37.04% ≒ 37%		

ロ　令和元年10月1日以後に開始する事業年度等の「法人税率等の合計割合」の内訳

		税率に相当する割合	根　拠　条　文	備　考
法人税	①法人税	23.2%	法人税法66①	
	②地方法人税	2.3896%	地方法人税法10①	法人税額×10.3%

事業税	③事業税	7.0%	地方税法72の24の7①三	
	④特別法人事業税	2.59%	特別法人事業税法7①三 同法附則1及び2①	事業税額×37.0%
⑤道府県民税		0.232%	地方税法51①	法人税割の税率。 法人税額×1.0%
⑥市町村民税		1.392%	地方税法314の4①	法人税割の税率。 法人税額×6.0%
⑦合　計		36.8036%	≒　37%	

※適用時期

　法人税率の引下げに伴う改正については，平成28年4月1日以後に相続，遺贈又は贈与により取得した取引相場のない株式等の評価に適用することとし，地方法人特別税の廃止及び道府県特別事業税の創設に伴う改正については，平成元年10月1日以後に相続，遺贈又は贈与により取得した取引相場のない株式等の評価に適用することとされています。

Q 101　評価差額に対する法人税額等相当額が控除できない場合（現物出資等受入れ差額）

取引相場のない株式を純資産価額方式で評価する場合において，評価会社の有する資産の中に，現物出資若しくは合併により著しく低い価額で受け入れた資産又は株式交換若しくは株式移転により著しく低い価額で受け入れた株式等があるときは，原則として，その現物出資，合併，株式交換又は株式移転による受入価額との差額に対する法人税額等に相当する金額は，純資産価額の計算上控除しないこととされています（評基通186-2(2)）。なぜですか。

A　取引相場のない株式を純資産価額方式で評価する場合において，評価会社の有する資産の中に，現物出資若しくは合併により著しく低い価額で受け入れた資産又は株式交換若しくは株式移転により著しく低い価額で受け入れた株式等があるときは，課税時期における評価会社の有する各資産の帳簿価額に，その現物出資等の時のその資産の価額（相続税評価額）とその現物出資等による受入価額との差額（現物出資等受入れ差額）を加算し，現物出資等受入れ差

額が計算上生じないように計算します。現物出資等受入れ差額が0円になるわけですから，それに対する法人税額等に相当する金額も生じません。

　ただし，課税時期における評価会社の有するすべての資産の相続税評価額の合計額に占める現物出資等により受け入れたすべての資産の相続税評価額の合計額のその割合が20％以下である場合には，純資産価額の計算上，それらの受入れ資産の評価差額に係る法人税額等相当額を控除することができます。

●関連解説

　この通達は，平成元年頃に流行した租税回避行為（いわゆるA社・B社方式）に対する規制です。A社・B社方式とは，時価よりも低い価格で現物出資を行って純資産価額方式上の計算上の含み益を作り，法人税額等相当額の控除を適用し，株式の相続税評価を圧縮する方法です。

　例えば個人甲が，時価100億円のA社株式をB社に現物出資します。B社は100億円のA社株を1億円で受け入れます。旧商法上は時価以下で受け入れれば問題がなかったので，100億円のA社株の受入価額を1億円と決め現物出資を受け入れることができました。この結果，B社の貸借対照表は資産1億円，資本金1億円となります。

　純資産評価額でB社を評価すると，時価100億円のA社株がありますから，財産評価基本通達の計算では99億円の含み益が計上され，99億円の当時の法人税等相当額51％を控除して評価すると，甲が直接A社株式を所有している場合と比べ，A社の株式の評価額をほぼ半額にすることが通達の適用の上では可能でした。

　そこで，国税庁は平成6年に財産評価基本通達を改正し，経済合理性のない行為により恣意的に評価計算上創出された含み益である現物出資等受入れ差額については法人税額等相当額の控除を認めないという取扱いに変更しました（評基通186-2）。

【関連裁判例・裁決例】

平成12年05月30日　東京地方裁判所平成9（行ウ）277　贈与税決定処分取消請求事件

　認定した事実関係の下では，本件譲受け時点における本件出資の時価の評価に当たり，本件通達を形式的，画一的に適用し，法人税等相当額を控除すると，本件一連の行為を行う前後においてAないし原告の直接又は間接に所有する財産の価値にはほとんど変動がなく，また，吸収合併後に存続するG法人が解散した場合に清算

所得が生ずることは想定されていないにもかかわらず，本件譲受けの時点において生じた財貨の移転が過少に評価されることとなり，本件通達の趣旨に沿わないのみならず，このような計画的な行為を行うことのない納税者との間での租税負担の公平を著しく害し，また，富の再分配機能を通じて経済的平等を実現するという法の機能に反する著しく不相当な結果をもたらすというべきであり，その意味で本件においては，本件通達をそのまま適用しないことが相当と認められるような特別の事情があるというべきである。

　したがって，本件出資の評価に当たっては，本件通達に定める評価方法を形式的に適用することなく，純資産価額方式を基本としつつ，法人税等相当額を控除しないで評価するのが相当である。

【問題となった事案】

　平成23年のことですが，現物出資等受入れ差額について，税務署が法人税額等相当額の控除を認めた事案が雑誌に掲載されました（「帳簿類不存在で45％控除規制が形骸化」T&Aマスター No.423・4〜7頁（2011.11.17号））。

　この事案は，平成元年に現物出資により相続税評価額の6％という著しく低い価額で上場株式を受け入れた法人の株式を平成22年に贈与したもので，贈与税の申告につき，いったん法人税額等相当額の控除（贈与時の45％）をしない申告書を提出しておいて，その後，45％控除をする更正の請求を行い，それが認められたというものです。

　現行の通達に反する取扱いがなぜ認められたのか，先の雑誌記事によると，帳簿等が存在しないためということが理由のようです。現物出資等受入れ差額を計算するためには，現物出資等の時の「その資産の価額（相続税評価額）」と「その現物出資等による受入れ価額」が必要です。先の例でいえば，A社株式を現物出資していますから，現物出資した時のA社の相続税評価額を算定しなければならないのです。そのためには，少なくとも当時のA社の決算書が3期分必要です。

Q 102 評価差額に対する法人税等相当額

評価会社が所有する株式等の純資産価額の計算において，評価差額に対する
法人税等相当額を控除できないのはなぜですか。

A 純資産価額方式における評価差額に対する法人税額等相当額の控除は，
個人が資産を直接所有している場合と，株式の所有により支配している会社を
通じて資産を間接所有している場合との対比における評価上の均衡を図るもの
とされています。直接所有と間接所有の評価上バランスを考慮する目的からす
ると，「個人」と個人が所有する株式の発行会社（「評価会社」）との関係にお
いて考慮すれば足りるのであって，継続企業を前提とすると評価会社と評価会
社が所有する株式の発行会社との関係においてまで，さらに重ねてその均衡を
考慮する必要はないものと考えられます。

　なお，評価会社が所有する出資や転換社債（評基通197－5，転換社債型新
株予約権利社債の評価の(3)のロに定めるもの）を純資産価額方式を適用して評
価する場合にも同じように取り扱います。課税時期における評価会社の各資産
を評価する場合において，評価会社が取引相場のない株式を所有しているとき
の当該株式の1株当たりの純資産価額は，評価差額に対する法人税額等相当額
（37％）を控除しないで計算します（評基通186－3）。

Ⅶ 第6表「特定の評価会社の株式及び株式に関する権利の価額の計算明細書」の記載方法

Q 103 特定の評価会社の株式及び株式に関する権利の価額の計算明細書の書き方

特定の評価会社の株式及び株式に関する権利の価額の計算明細書の書き方を教えてください。

A この表は，特定の評価会社の株式及び株式に関する権利の評価に使用します（一般の評価会社の株式及び株式に関する権利の評価については，第3表を使用します）。なお，この表の各欄の金額は，各欄の表示単位未満の端数を切り捨てて記載します。また，「2．配当還元方式による価額」欄は，第1表の1の「1．株主及び評価方式の判定」欄又は「2．少数株式所有者の評価方式の判定」欄の判定により納税義務者が配当還元方式を適用する株主に該当する場合に，次により記載します。

① 「直前期末以前2年間の配当金額」欄は，第4表の記載方法等Q64に準じて記載します。

② 「配当還元価額」欄の㉒の金額の記載にあたっては，純資産価額方式等により計算した価額が，配当還元価額よりも高いと認められる場合には，「1．純資産価額方式等による価額」欄の計算を省略して差し支えありません。

「3．株式に関する権利の価額」欄及び「4．株式及び株式に関する権利の価額」欄は，第3表の記載方法等Q58に準じて記載します。

【図表103－１】特定の評価会社の株式及び株式に関する権利の価額の計算明細書

第6表 特定の評価会社の株式及び株式に関する権利の価額の計算明細書 会社名

（取引相場のない株式（出資）の評価明細書）　（平成三十年一月一日以降用）

1．純資産価額方式等による価額

1株当たりの価額の計算の基となる金額	類似業種比準価額（第4表の㉖、㉗又は㉘の金額）	1株当たりの純資産価額（第5表の⑪の金額）	1株当たりの純資産価額の80%相当額（第5表の⑫の記載がある場合のその金額）
	① 円	② 円	③ 円

	株式の区分	1株当たりの価額の算定方法等	1株当たりの価額
1株当たりの価額の計算	比準要素数1の会社の株式	②の金額（③の金額があるときは③の金額）と次の算式によって計算した金額とのいずれか低い方の金額 ①の金額　②の金額（③の金額があるときは③の金額） （　円×0.25）＋（　円×0.75）＝　円	④ 円
	株式等保有特定会社の株式	（第8表の㉗の金額）	⑤ 円
	土地保有特定会社の株式	（②の金額（③の金額があるときはその金額））	⑥ 円
	開業後３年未満の会社等の株式	（②の金額（③の金額があるときはその金額））	⑦ 円
	開業前又は休業中の会社の株式	（②の金額）	⑧ 円
株式の価額の修正	課税時期において配当期待権の発生している場合	株式の価額（④、⑤、⑥、⑦又は⑧）　1株当たりの配当金額 円－　円　銭	修正後の株式の価額 ⑨ 円
	課税時期において株式の割当てを受ける権利、株主となる権利又は株式無償交付期待権の発生している場合	株式の価額（④、⑤、⑥、⑦又は⑧（⑨があるときは⑨））　割当株式1株当たりの払込金額　1株当たりの割当株式数　1株当たりの割当株式数又は交付株式数 （　円＋　円×　株）÷（1株＋　株）	修正後の株式の価額 ⑩ 円

2．配当還元方式による価額

1株当たりの資本金等の額、発行済株式数等	直前期末の資本金等の額	直前期末の発行済株式数	直前期末の自己株式数	1株当たりの資本金等の額を50円とした場合の発行済株式数（⑪÷50円）	1株当たりの資本金等の額（⑪÷（⑫－⑬））
	⑪ 千円	⑫ 株	⑬ 株	⑭ 株	⑮ 円

直前期末以前2年間の配当金額	事業年度	⑯ 年配当金額	⑰ 左のうち非経常的な配当金額	⑱ 差引経常的な年配当金額（⑯－⑰）	年平均配当金額
	直前期	千円	千円	㋑ 千円	⑲（㋑＋㋺）÷2 千円
	直前々期	千円	千円	㋺ 千円	

1株（50円）当たりの年配当金額	年平均配当金額（⑲）　⑭の株式数　⑳ 千円 ÷　株 ＝　円　銭	（この金額が2円50銭未満の場合は2円50銭とします。）
配当還元価額	⑳の金額　⑮の金額　㉑ （　円　銭／10%）×（　円／50円）＝　円	㉒ 円 （㉑の金額が、純資産価額方式等により計算した価額を超える場合には、純資産価額方式等により計算した価額とします。）

3．株式に関する権利の価額（1．及び2．に共通）

配当期待権	1株当たりの予想配当金額　源泉徴収されるべき所得税相当額 （　円　銭）－（　円　銭）	㉓ 円　銭
株式の割当てを受ける権利（割当株式1株当たりの価額）	⑩（配当還元方式の場合は㉒）の金額　割当株式1株当たりの払込金額 円－　円	㉔ 円
株主となる権利（割当株式1株当たりの価額）	⑩（配当還元方式の場合は㉒）の金額（課税時期後にその株主となる権利につき払い込むべき金額があるときは、その金額を控除した金額）	㉕ 円
株式無償交付期待権（交付される株式1株当たりの価額）	⑩（配当還元方式の場合は㉒）の金額	㉖ 円

4．株式及び株式に関する権利の価額（1．及び2．に共通）

株式の評価額	円
株式に関する権利の評価額	円 （円　銭）

「3．株式に関する権利の価額」欄は，株式に関する権利が複数発生している場合には，それぞれの金額ごとに別に記載します。

配当期待権の価額は，円単位で円未満２位（銭単位）により記載します。

Ⅷ　第7表「株式等保有特定会社の株式の価額の計算明細書」の記載方法

Q104　株式等保有特定会社の株式の価額の計算明細書の書き方

株式等保有特定会社の株式の価額の計算明細書の書き方を教えてください。

A　この表は，評価会社が株式等保有特定会社である場合において，その株式の価額を「S_1+S_2」方式によって評価するときにおいて，「S_1」における類似業種比準価額の修正計算を行うために使用します。

　なお，この表の各欄の金額は，各欄の表示単位未満の端数を切り捨てて記載します（ただし，下記（1）のニ及び（3）に留意してください。）。

　「S_1の金額（類似業種比準価額の修正計算）」の各欄は，次により記載します。

（1）　「受取配当金等収受割合の計算」の各欄は，次により記載します。

　イ　「受取配当金等の額」欄は，直前期及び直前々期の各事業年度における評価会社の受取配当の収入金額の総額を，それぞれの各欄に記載し，その合計額を「合計」欄に記載します。

　ロ　「営業利益の金額」欄は，イと同様に，各事業年度における評価会社の営業利益の金額（営業利益の金額に受取配当金額が含まれている場合には，受取配当金額を控除した金額）について記載します。

　ハ　「①直前期」及び「②直前々期」の各欄の記載にあたって，1年未満の事業年度がある場合には，第4表の記載方法等Q64に準じて記載します。

　ニ　「受取配当金等収受割合」欄は，小数点以下3位未満の端数を切り捨てて記載します。

（2）　「直前期末の株式等の帳簿価額の合計額」欄の⑩の金額は，直前期末における株式等の税務計算上の帳簿価額の合計額を記載します（第5表を直前期末における各資産に基づいて作成しているときは，第5表の⑩の金額を記

【図表104－１】株式等保有特定会社の株式の価額の計算明細書

■この表は，評価会社が株式等保有特定会社である場合において，その株式の価額を「S_1+S_2」方式によって評価するときにおいて，「S_1」における類似業種比準価額の修正計算を行うために使用します。

第７表　株式等保有特定会社の株式の価額の計算明細書　　会社名

（取引相場のない株式（出資）の評価明細書）　（平成三十年一月一日以降用）

1．S1の金額

受取配当金等収受割合の計算

事業年度	① 直前期	② 直前々期	合計（①＋②）	受取配当金等収受割合
受取配当金等の額	千円	千円	㋑ 千円	（㋑÷（㋑＋㋺）） ※小数点以下３位未満切り捨て ㋩
営業利益の金額	千円	千円	㋺ 千円	

Ⓑ－ⓑの金額

1株（50円）当たりの年配当金額（第４表のⒷ）	受取配当金等収受割合（㋩）	ⓑの金額（③×㋩）	Ⓑ－ⓑの金額（③－④）
③ 円 0銭		④ 円 0銭	⑤ 円 0銭

Ⓒ－ⓒの金額

1株（50円）当たりの年利益金額（第４表のⒸ）	ⓒの金額（⑥×㋩）	Ⓒ－ⓒの金額（⑥－⑦）
⑥ 円	⑦ 円	⑧ 円

Ⓓ－ⓓの金額

（イ）の金額	1株（50円）当たりの純資産価額（第４表のⒹ）	直前期末の株式等の帳簿価額の合計額	直前期末の総資産価額（帳簿価額）	（イ）の金額（⑨×（⑩÷⑪））
	⑨ 円	⑩ 千円	⑪ 千円	⑫ 円
（ロ）の金額	利益積立金額（第４表の⑱の「直前期」欄の金額）	1株当たりの資本金等の額を50円とした場合の発行済株式数（第４表の⑤の株式数）	受取配当金等収受割合（㋩）	（ロ）の金額（（⑬÷⑭）×㋩）
	⑬ 千円	⑭ 株		⑮ 円
	ⓓの金額（⑫＋⑮）	Ⓓ－ⓓの金額（⑨－⑯）		
	⑯ 円	⑰ 円		

（注）１　㋩の割合は、１を上限とします。
２　⑯の金額は、Ⓓの金額（⑨の金額）を上限とします。

（類似業種比準価額の修正計算）

1株（50円）当たりの比準価額の計算

類似業種の株価		
類似業種と業種目番号	（No.　　）	
課税時期の属する月	月	㋥ 円
課税時期の属する月の前月	月	㋭ 円
課税時期の属する月の前々月	月	㋬ 円
前年平均株価		㋣ 円
課税時期の属する月以前２年間の平均株価		㋠ 円
A（㋥、㋭、㋬、㋣及び㋠のうち最も低いもの）		⑱ 円

比準割合の計算 区分	1株（50円）当たりの年配当金額	1株（50円）当たりの年利益金額	1株（50円）当たりの純資産価額	1株（50円）当たりの比準価額
評価会社	（⑤） 円 0銭	（⑧） 円	（⑰） 円	⑱ × ⑲ × 0.7 ※ ※中会社は0.6 小会社は0.5 とします。
類似業種	B 円 0銭	C 円	D 円	
要素別比準割合	（⑤）/B ．	（⑧）/C ．	（⑰）/D ．	
比準割合	$\frac{\frac{(⑤)}{B}+\frac{(⑧)}{C}+\frac{(⑰)}{D}}{3}$ ＝ ⑲ ．			⑳ 円 0銭

類似業種の株価		
類似業種と業種目番号	（No.　　）	
課税時期の属する月	月	㋷ 円
課税時期の属する月の前月	月	㋦ 円
課税時期の属する月の前々月	月	㋸ 円
前年平均株価		㋾ 円
課税時期の属する月以前２年間の平均株価		㋻ 円
A（㋷、㋦、㋸、㋾及び㋻のうち最も低いもの）		㉑ 円

比準割合の計算 区分	1株（50円）当たりの年配当金額	1株（50円）当たりの年利益金額	1株（50円）当たりの純資産価額	1株（50円）当たりの比準価額
評価会社	（⑤） 円 0銭	（⑧） 円	（⑰） 円	㉑ × ㉒ × 0.7 ※ ※中会社は0.6 小会社は0.5 とします。
類似業種	B 円 0銭	C 円	D 円	
要素別比準割合	（⑤）/B ．	（⑧）/C ．	（⑰）/D ．	
比準割合	$\frac{\frac{(⑤)}{B}+\frac{(⑧)}{C}+\frac{(⑰)}{D}}{3}$ ＝ ㉒ ．			㉓ 円 0銭

1株当たりの比準価額	比準価額（⑳と㉓とのいずれか低い方） 円 0銭 × 第４表の④の金額 円 / 50円	㉔ 円

比準価額の修正

直前期末の翌日から課税時期までの間に配当金交付の効力が発生した場合	比準価額（㉔） 円 － 1株当たりの配当金額 円 銭	修正比準価額 ㉕ 円
直前期末の翌日から課税時期までの間に株式の割当て等の効力が発生した場合	（比準価額（㉔）（㉕があるときは㉕） 円＋ 割当株式1株当たりの払込金額 円 銭× 1株当たりの割当株式数 株）÷（1株＋ 1株当たりの割当株式数又は交付株式数 株）	修正比準価額 ㉖ 円

載します。)。

（3）「1株（50円）当たりの比準価額」欄，「1株当たりの比準価額」欄及び「比準価額の修正」欄は，第4表の記載方法等Q81に準じて記載します。

スタッフへのアドバイス

S₁＋S₂方式のS₁やS₂の正体

　明細書で数値を記入して計算するだけでは，イメージが浮かんでこないかもしれません。

　たとえ株式等保有特定会社であっても株式を保有しているだけというわけではないので，営業等の部分も評価に反映されるよう部分的に類似業種比準価額方式を取り入れられるような評価方法が$S_1 + S_2$方式です。

　まず対象の株式等保有特定会社を①株式のみを保有しているX社の部分と，②営業活動などを含んでいる株式以外の資産を保有している会社Y社の部分に分けて評価します。

　①のX社は純資産価額方式に準じた方法で評価し，これをS_2とし，②のY社は原則的評価方式により評価しS_1とします。そのため，S_1の部分に類似業種比準価額等の要素を加味することができるわけです。

　もちろん，X社とY社はひとつの会社ですから，合計額である$S_1 + S_2$が評価額となります。

IX 第8表「株式等保有特定会社の株式の価額の計算明細書（続）」の記載方法

Q 105 株式等保有特定会社の株式の価額の計算明細書（続）の書き方

株式等保有特定会社の株式の価額の計算明細書（続）の書き方を教えてください。

A この表は，評価会社が株式等保有特定会社である場合において，その株式の価額を「$S_1 + S_2$」方式によって評価するときのS_1における純資産価額の修正計算及び1株当たりのS_1の金額の計算並びにS_2の金額の計算を行うために使用します。なお，この表の各欄の金額は，各欄の表示単位未満の端数を切り捨てて記載します。

また，「2．S_2の金額」の各欄は，次により記載します。

（1）「課税時期現在の株式等の価額の合計額」欄の⑱の金額は，課税時期における株式等の相続税評価額を記載しますが，第5表の記載方法等のQ102に留意するほか，株式等保有特定会社の判定時期と純資産価額の計算時期が直前期末における決算に基づいて行われている場合には，S_2の計算時期も同一とすることに留意してください。

（2）「株式等に係る評価差額に相当する金額」欄の⑳の金額は，株式及び出資の相続税評価額と帳簿価額の差額に相当する金額を記載しますが，その金額が負数のときは，0と記載することに留意してください。

【図表105－1】 株式等保有特定会社の株式の価額の計算明細書（続）

第8表　株式等保有特定会社の株式の価額の計算明細書（続）　　会社名

（取引相場のない株式（出資）の評価明細書）

1. S₁の金額（続）

純資産価額（相続税評価額）の修正計算

相続税評価額による純資産価額（第5表の⑤の金額）	課税時期現在の株式等の価額の合計額（第5表の⑰の金額）	差　引（①－②）
① 千円	② 千円	③ 千円
帳簿価額による純資産価額（第5表の⑥の金額）	株式等の帳簿価額の合計額（第5表の⑱＋（⑪－㉑）の金額）(注)	差　引（④－⑤）
④ 千円	⑤ 千円	⑥ 千円
評価差額に相当する金額（③－⑥）	評価差額に対する法人税額等相当額（⑦×37%）	課税時期現在の修正純資産価額（相続税評価額）（③－⑧）
⑦ 千円	⑧ 千円	⑨ 千円
課税時期現在の発行済株式数（第5表の⑩の株式数）	課税時期現在の修正後の1株当たりの純資産価額（相続税評価額）（⑨÷⑩）	(注) 第5表の⑨及び⑪の金額に株式等以外の資産に係る金額が含まれている場合には、その金額を除いて計算します。
⑩ 株	⑪ 円	

1株当たりのS₁の金額の計算の基となる金額

修正後の類似業種比準価額（第7表の㉕、㉖又は㉗の金額）	修正後の1株当たりの純資産価額（相続税評価額）（⑪の金額）	
⑫ 円	⑬ 円	

1株当たりのS₁の金額の計算

区　分	1株当たりのS₁の金額の算定方法	1株当たりのS₁の金額
比準要素数1である会社のS₁の金額	⑬の金額と次の算式によって計算した金額とのいずれか低い方の金額　⑫の金額　　　⑬の金額（　　円×0.25）＋（　　円×0.75）＝　　円	⑭ 円
上記以外の会社 大会社のS₁の金額	⑫の金額と⑬の金額とのいずれか低い方の金額（⑬の記載がないときは⑫の金額）	⑮ 円
中会社のS₁の金額	⑫と⑬とのいずれか低い方の金額　Lの割合　⑬の金額　Lの割合[　　円×0.　　]＋[　　円×（1－0.　　）]	⑯ 円
小会社のS₁の金額	⑬の金額と次の算式によって計算した金額とのいずれか低い方の金額　⑫の金額　　⑬の金額（　　円×0.50）＋　　円×0.50）　円	⑰ 円

2. S₂の金額

この数字が負数のときは0とします。

課税時期現在の株式等の価額の合計額（第5表の⑰の金額）	株式等の帳簿価額の合計額（第5表の⑱＋（⑪－㉑）の金額)(注)	評価差額に相当する金額（⑱－⑲）	⑳の評価差額に対する法人税額等相当額（⑳×37%）
⑱ 千円	⑲ 千円	⑳ 千円	㉑ 千円
S₂の純資産価額相当額（⑱－㉑）	課税時期現在の発行済株式数（第5表の⑩の株式数）	S₂の金額（㉒÷㉓）	(注) 第5表の⑨及び⑪の金額に株式等以外の資産に係る金額が含まれている場合には、その金額を除いて計算します。
㉒ 千円	㉓ 株	㉔ 円	

3. 株式等保有特定会社の株式の価額

1株当たりの純資産価額（第5表の⑪の金額（第5表の⑫の金額があるときはその金額））	S₁の金額とS₂の金額との合計額（（⑭、⑮、⑯又は⑰）＋㉔）	株式等保有特定会社の株式の価額（㉕と㉖とのいずれか低い方の金額）
㉕ 円	㉖ 円	㉗ 円

平成三十年一月一日以降用

第2章
評価の方法と評価単位

I　相続税・贈与税と株式・出資の評価

Q 106　株式評価の方式

株式の評価方式にはどんなものがあるのでしょうか。

A　理論的には次の3つの方式があります。

（1）　財産の費用性に着目した再調達価格方式

　相続税や贈与税が取得者課税であることから，評価時点で，事業を新たに開始する際に同じ資産を取得するとした場合の金額により評価しようとする方式です。

　純資産価額方式（会社の純資産価額を発行済株式総数で割って1株当たりの評価額とする方式）がこれに当たります。

（2）　財産の収益性に着目した収益還元方式

　収益還元方式（将来期待される1株当たりの予想収益を一定の資本還元率で割って求められる金額を評価額とする方式）がこれに当たります。

（3）　財産の市場性に着目した取引事例比較方式

　比準方式（評価対象株式と同業種であるなど，一定の類似性・市場性のある株式の価格と比較して，評価対象株式に取引相場があるとすればどの程度の価格になるかを算出する方式）がこれに当たります。

Q 107　評価の単位

一口に，株式及び株式に関する権利といっても銘柄や市場性のあるものやないものなど株式の取引形態にも様々なものがあります。評価単位はどのように考えたらよいでしょうか。

A　株式及び株式に関する権利の価額は，銘柄の異なるごとに，それぞれの株式の取引形態に応じて合理的な評価ができるように，銘柄の異なるごとに次に掲げる区分に従い，1株又は1個ごとに評価します（評基通168）。

（1）　上場株式

金融商品取引所（金融商品取引法第2条第16項に規定する金融商品取引所をいいます。以下同じ。）に上場されている株式をいいます。

（2）　気配相場等のある株式

次の①及び②の株式をいいます。

①　登録銘柄及び店頭管理銘柄

日本証券業協会により登録銘柄として登録されている株式（日本銀行出資証券を含みます。）及び店頭管理銘柄として指定されている株式をいいます。

②　公開途上にある株式

イ　金融商品取引所が株式の上場を承認したことを明らかにした日から上場の日の前日までのその株式（登録銘柄を除く。）をいいます（評基通168(2)ロ）。

ロ　日本証券業協会が株式を登録銘柄として登録することを明らかにした日から登録の日の前日までのその株式（店頭管理銘柄を除く。）をいいます（評基通168(2)ロ）。

（注1）　上場の承認申請を行うことなどが明らかにされるのは，①，②ともに，上場又は店頭登録の約1ヶ月前です。

（注2）　登録銘柄が上場される場合及び店頭管理銘柄が登録される場合には，公開途上にある株式には該当せず，それぞれ上場又は登録の日の前日まで，登

録銘柄，店頭管理銘柄として区分します（なお，店頭管理銘柄が直接上場されるような取扱いはされていません。）（財産評価基本通達逐条解説168）。

（3） 取引相場のない株式

上記の（1）及び（2）に掲げる株式以外の株式をいいます。

① 一般の評価会社の株式

② 比準要素数1の会社の株式

③ 株式保有特定会社の株式

④ 土地保有特定会社の株式

⑤ 開業後3年未満の会社等の株式

⑥ 開業前又は休業中の会社の株式

⑦ 清算中の会社の株式

（4） 株式の割当てを受ける権利

株式の割当基準日の翌日から株式の割当ての日までの間における株式の割当てを受ける権利をいいます。

（5） 株主となる権利

株式の申込みに対して割当てがあった日の翌日（会社の設立に際し，発起人が引受けをする株式にあっては，その引受けの日）から会社の設立登記の日の前日（会社成立後の株式の割当ての場合にあっては，払込期日（払込期日の定めがある場合には払込みの日））までの間における株式の引受けに係る権利をいいます。

（6） 株式無償交付期待権

株式無償交付の基準日の翌日から株式無償交付の効力が発生する日までの間における株式の無償交付を受けることができる権利をいいます。

（7） 配当期待権

配当金交付の基準日の翌日から配当金交付の効力が発生する日までの間における配当金を受けることができる権利をいいます。

（8） ストックオプション

会社法第2条第21号に規定する新株予約権が無償で付与されたもののうち，

次の（9）に該当するものを除いたものをいいます。

　ただし，その目的たる株式が上場株式又は気配相場等のある株式であり，か
つ，課税時期が権利行使可能期間内にあるものに限ります。

（9）　上場新株予約権

　会社法第277条の規定により無償で割り当てられた新株予約権のうち，金融
商品取引所に上場されているもの及び上場廃止後権利行使可能期間内にあるも
のをいいます。

スタッフへのアドバイス

原則的評価方式の内容

　特例的評価方式である「配当還元方式」については，P.95で少し触れました
が，原則的評価方式が一般的な評価方法といえます。

　原則的評価方式は，「純資産価額方式」と「類似業種比準価額方式」及びそ
の2つを併用することで成り立っています。

① **純資産価額方式**

　仮に会社を解散させたとするとき，株主に分配してもらえる金額を計算した
ものといえます。

　そのため，老舗といわれるような企業は，たとえ現在の業績が芳しくなくて
も，過去からの資産が蓄積されていることも多く，純資産価額方式の評価額が
高くなる傾向にあります。

② **類似業種比準価額方式**

　評価会社と同じような業種の上場会社と比較して株価を算定するという方式
です。

　資産だけでなく，配当や利益等の水準が加味されて評価されるので，新進気
鋭のIT企業などでオフィスビルに事務所を構え，自社ビルや工場などの資産は
ないが，売上や利益が大きい会社などは，純資産価額より類似業種比準価額の
方が高くなる場合もあります。

　平成29年の財産評価基本通達の改正は，会社の組織構成や収益などの業態の
変化があったことが前提となっています。今後も経済活動等の変容に従って，
法令や通達の改正がなされていくことでしょう。

Ⅱ 上場株式

Q 108 通常の評価方法

相続又は遺贈，贈与により取得した上場株式の評価方法はどのような方法ですか。

A 上場株式の価額は，その株式が上場されている金融商品取引所（国内の2以上の金融商品取引所に上場されている株式については，納税義務者が選択した金融商品取引所とすることができます。）の公表する次の①の価額によって評価します。ただし，①の価額が，②～④のうち最も低い価額を超える場合には，その最も低い価額によって評価します。

これは，一時点における需給関係による偶発性を排除し，ある程度の期間における取引価格の実勢をも評価の判断要素として考慮し，評価上の斟酌を行うことがより適切であるとの考え方によるものです（最高裁平成元年6月6日判決）。

① 課税時期の最終価格

② 課税時期の属する月の毎日の最終価格の月平均額

③ 課税時期の属する月の前月の毎日の最終価格の月平均額

④ 課税時期の属する月の前々月の毎日の最終価格の月平均額

Q 109 課税時期の最終価格がない取引所

取引所を選択する場合，課税時期の最終価格がない取引所を選択することは可能ですか。

A どの金融商品取引所を選択するかは納税義務者に委ねられています。た

だし，「課税時期の最終価格」がある金融商品取引所があるにもかかわらず，その最終価格がない金融商品取引所を選択することを認める趣旨ではありません。

Q110　更正・決定処分をするときの取引所の価格

税務署が更正処分や決定処分をするときには，どの取引所の価格を使用するのでしょうか。

A　税務署において決定処分等をするときには，「課税時期の最終価格」及び「最終価格の月平均額」がある金融商品取引所のうち納税者に有利となる金融商品取引所の価格が使用されます。

Q111　負担付贈与等により取得した株式

負担付贈与又は個人間の対価を伴う取引により取得した上場株式の評価について，特に気を付けることはありますか。

A　負担付贈与又は個人間の対価を伴う取引により取得した上場株式は，その株式が上場されている金融商品取引所の公表する課税時期の最終価格（原則として贈与により取得した日の終値）によって評価します（評通169(2)）。前3ヶ月の終値の月中平均を採用することはできません。

　上場株式に係る相続税や贈与税の評価の原則は，**Q108**のＡのとおり，課税時期の最終価格と課税時期が属する月を含む前3ヶ月の月中平均のうち最も低い価格です。これは，価格が常に変動する金融商品である上場株式の相続税や贈与税の評価に当たっては，一時点における需給関係による偶発性を排除し，ある程度の期間における取引価格の実勢をも評価の判断要素として考慮し，評価上の斟酌を行うことがより適切だと考えられているからです（前述，最高裁

平成元年6月6日判決）。

　ただし，対価性のある負担付贈与又は個人間の対価を伴う取引について，（一般の相続や贈与による財産の取得時の評価方法を適用できるとすると）価格が上昇している局面では，意図的な租税回避行為が可能となってしまいます。

　資産家Aが息子Bに効果的な贈与を行おうと試み，過去4ヶ月で値上がりしている甲銘柄を探し当てます。甲銘柄株価の推移は次のとおりです。

- 1月終値平均　1,600円
- 2月終値平均　1,700円
- 3月終値平均　1,900円
- 3月10日終値　2,000円

資産家Aは，甲銘柄を3月10日に1株2,000円で1万株購入し，すぐに息子Bに贈与しました（当日の終値も1株2,000円）。

　原則どおり，株式の評価額を上の4つの価格のうち一番低い価格でよいとすると，贈与財産の評価額は1月の終値平均を採用しますから1万株で1,600万円です。

　これに対し通常ならば406万円の贈与税が課税されます（(1,600万円−110万円)×40%−190万円※）。そこで，Aは，1,600万円のローンをBに引き受けさせます（免責的債務引受）。このような負担付贈与を行ったり，1,600万円で甲銘柄を売買したりすると，負担付贈与や，売買の日の時価は2,000万円なのに贈与税の負担が全くない状態で差引400万円（2,000万円−1,600万円）の贈与が可能となるのです。

　こうした租税回避行為ができないように，平成2年の改正で負担付贈与または個人間の対価を伴う取引により取得した上場株式の価額は，その取得日における証券取引所の終値によって評価することにされました。

　※　令和元年分の特例税率（速算表）

Q 112 上場株式についての最終価格の特例

株式の割当等（株式の割当て，株式の無償交付又は配当金交付をいいます。以下同じ。）の基準日（権利確定日）と権利落ち日，権利付最終日の関係はどのようになっているのでしょうか。

A 基準日（権利確定日）とは，株主として株主名簿に名前の登載がある日で，株主優待や配当，株式分割などの権利が得られる日のことです。基準日は，月末が多く，権利確定ができる月は3月と9月が多いといえますが，企業によって異なります。

　株式の割当て等を得るには，株主は基準日に株式を所有している必要があります。ある企業が，3月10日時点での株主を対象とし，4月1日を支払日として，1株当たり50円の配当の支払いを行う場合，配当を受け取るには，3月10日にその企業の株式を所有していなければなりません。

　株式の割当て，株式の無償交付又は配当金の取得は，権利確定日に株主名簿に記載されているかどうかだけが基準となります。権利確定日の1日だけでも株主名簿に記載されていれば，株主優待や配当の権利を受けることができます。ただし，株主として記載されるためには，株購入後2営業日の期間が必要です。権利確定日までに株を保有するためには，権利付き最終日（＝権利確定日の2営業日前）に購入しておく必要があります。31日が権利確定日であれば，権利付き最終日は，（土日などの株式市場が開いていない非営業日を挟まない場合には）2営業日前の29日です。

【図表112-1】 株式の割当等の基準日（権利確定日）と権利落ち日，権利付き最終日の関係

▶◀（例）○×年3月末のカレンダー◀

28日	29日	30日	31日	1日	2日

29日 権利付・配当付最終

30日 権利落・配当落ちの売買開始日

31日 権利確定期日

配当金交付株主の確定期日

この日までに株式を買えば，今度の配当金も議決権も権利があります。

権利確定期日の前日

（例1）31日が月曜日の場合	（例2）31日が火曜日の場合
・27日（木） **権利付き最終日**←この日までに購入すると権利を取得する	・27日（金） **権利付き最終日**
・28日（金） **権利落ち日**（権利付き最終日の次の日←この日に売っても権利はなくならない）	・28日（土）
・29日（土）	・29日（日）
・30日（日）	・30日（月） **権利落ち日**
・31日（月） **権利確定日**	・31日（火） **権利確定日**

（例3）31日が水曜日の場合	（例4）31日が木曜日の場合
・27日（土）	・27日（日）
・28日（日）	・28日（月）
・29日（月） **権利付き最終日**	・29日（火） **権利付き最終日**
・30日（火） **権利落ち日**	・30日（水） **権利落ち日**
・31日（水） **権利確定日**	・31日（木） **権利確定日**

(例5) 31日が金曜日の場合	(例6) 31日が土曜日の場合
・27日(月)	・27日(火)
・28日(火)	・28日(水)　権利付き最終日
・29日(水)　権利付き最終日	・29日(木)　権利落ち日
・30日(木)　権利落ち日	・30日(金)　権利確定日
・31日(金)　権利確定日	・31日(土)

(例7) 31日が日曜日の場合
・27日(水)　権利付き最終日
・28日(木)　権利落ち日
・29日(金)　権利確定日
・30日(土)
・31日(日)

【図表112-2】配当・株主優待の権利カレンダー（早見表）

年月日	権利付き最終日（保有日）	権利落ち日（売ってもよい日）
2020年9月末	9月28日（月）	9月29日（火）
2020年10月末	10月28日（水）	10月29日（木）
2020年11月末	11月26日（木）	11月27日（金）
2020年12月末	12月28日（月）	12月29日（火）
2021年1月末	1月27日（水）	1月28日（木）
2021年2月末	2月24日（水）	2月25日（木）
2021年3月末	3月29日（月）	3月30日（火）
2021年4月末	4月27日（火）	4月28日（水）
2021年5月末	5月27日（木）	5月28日（金）
2021年6月末	6月28日（月）	6月29日（火）
2021年7月末	7月28日（水）	7月29日（木）
2021年8月末	8月27日（金）	8月30日（月）

　この早見表は月末が権利確定日となる銘柄に限ります。まれに20日が権利確定日となる銘柄もあります。

Q 113 権利確定日の前後に課税時期がある場合

株式の割当て等の基準日（権利確定日）の前後に課税時期がある場合，課税時期と株式の割当て等の基準日との関係いかんによっては，その日の最終価格又は各月の最終価格の月平均額をそのまま評価額として採用することが適当でない場合があるということですが，最終価格や月平均額の計算上の特例とはどんな特例でしょうか。

A 上場株式の価額は，評価通達169《上場株式の評価》により評価しますが，その株式について株式の割当て等があったときには，その株式の取引価格は，通常，株式の割当て等の基準日の前日から権利落等（権利落又は配当落をいいます。以下同じ。）のため値下がりします(注)。

（注）　東京証券取引所では，令和元年7月16日より，権利確定日の前日（休業日を除く。権利確定日が休業日に当たるときは，権利確定日の2日前の日）から，配当落または権利落として売買をすることになっています（東京証券取引所：業務規程施行規則第18条第2号）。

　このため，課税時期と株式の割当て等の基準日との関係いかんによっては，その日の最終価格又は各月の最終価格の月平均額をそのまま評価額として採用することが適当でない場合があります。

　そこで，それらの場合の評価にあたり，次のような最終価格や月平均額の計算上の特例を設けています。

【参考】「基準日（権利確定日）」とは，会社が株式の割当て等の権利を行使すべき者

【図表113－1】

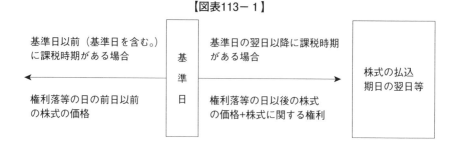

を確定するため「株主名簿を閉鎖する期間」の初日の前日又は「一定の日」です。

Q114 株式の割当て等の最終価格

課税時期が権利落等の日から株式の割当て等の基準日（権利確定日）までの
間にある場合には，どの日の最終価格を採用するのでしょうか。

A その権利落等の日の前日以前の最終価格のうち，課税時期に最も近い日
の最終価格によります。

（法令・通達） 評基通170

解説 ....

　その理由として，上場株式について株式の割当て等があったときには，その
株式の取引価格は，通常，株式の割当て等の基準日の前日から権利落又は配当
落のために値下がりすることとなりますが，被相続人が継続所有していた株式
を相続等により取得する場合には割当て又は配当金受領の権利が失われていな
いので，権利落した課税時期の価格を権利含みの価格に修正する必要が生じま
す。

【参考】上場株式の取引が行われている場合の株券及び代金の受渡しは取引が成立し
　　　た日に行われるのではなく，通常，取引が成立した日から数えて3日目（日曜日
　　　等の取引が行われない日を含まない日数）に決済が行われることになっています。
　　　また，株券等の普通取引について，配当落又は権利落とする期日は権利確定日の
　　　前日とされました。

なお，事例を示すと，下記のようになります。

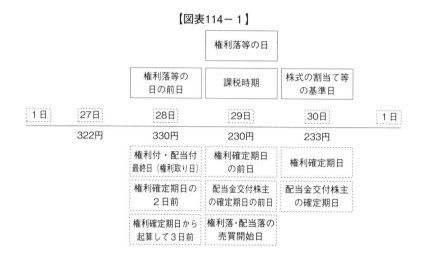

【図表114－1】

課税時期の最終価格＝330円

230円は，権利落等の後の最終価格なので採用しないこととなります。

Q 115　課税時期に最終価格がない場合

課税時期に最終価格がなく，課税時期の前後に取引がなく，かつ，権利落等の日等が絡まない場合はどの日の最終価格を採用したらよいでしょうか。

A　課税時期に最終価格がない場合の原則的な取扱いは次のとおりです。

　課税時期の前後に取引がなく，かつ，権利落等の日等が絡まない場合は，課税時期に最も近い日の最終価格又はその平均額を課税時期の最終価格とするのが合理的ですから，課税時期の前日以前の最終価格又は翌日以後の最終価格のうち，課税時期に最も近い日の最終価格（その最終価格が2つある場合にはその平均額）を採用します。

法令・通達　評基通171(1)

解説 ···

　図表115－1のような事例において，課税時期の最終価格を示すと，課税時期の最終価格＝321円となり，321円又は325円のうち課税時期に最も近い日の最終価格を採用します。

【図表115－1】

Q116 課税時期が権利落等の日の前日以前で課税時期に最も近い日の最終価格が権利落等の日以後の場合

課税時期が権利落等の日の前日以前で，課税時期に取引がなく，かつ，課税時期に最も近い日の最終価格が権利落等の日以後のものである場合にはどの日の最終価格を採用しますか。

A 　課税時期の前日以前の最終価格のうち，課税時期に最も近い日の最終価格によります。課税時期が株式の割当て等の基準日以前にあることから，権利含みの価格を採用する必要があるため，権利落等の日以後の最終価格は採用しません。

（法令・通達）　評基通171(2)

解説 ···

　図表116－1のような事例において，課税時期の最終価格を示すと，課税時期の最終価格＝220円となり，166円の方が課税時期に近いが，166円は権利落等の日以後の最終価格なので採用しません。

【図表116-1】

Q117　課税時期が株式の割当て等の基準日の翌日以後の場合

課税時期が株式の割当て等の基準日の翌日以後で，課税時期に取引がなく，かつ，課税時期に最も近い日の最終価格が権利落等の日の前日以前のものである場合にはどの日の最終価格を採用しますか。

A　課税時期の翌日以後の最終価格のうち，課税時期に最も近い日の最終価格によります。課税時期が株式の割当て等の基準日の翌日以後にあるため，権利落ちした価格を採用しなければなりませんので，権利落等の日以後のものを採用します。

（法令・通達）　評基通171(3)

解説

　図表117-1のような事例において，課税時期の最終価格を示すと，課税時期の最終価格＝75円となり，100円の方が課税時期に近いが，100円は権利落等の日以前の最終価格なので採用しません。

【図表117－1】

Q 118　上場株式についての最終価格の月平均額の特例

課税時期の属する月以前３ヶ月間に権利落等があったときには，課税時期と権利落等の基準日との関係から，３ヶ月間の各月の毎日の最終価格の月平均額をそのまま採用することは適当でない場合があります。このような場合には，各月の最終価格の月平均額も調整する必要があるのでしょうか。

A　課税時期の属する月以前３ヶ月間に権利落等があったときには，３ヶ月間の各月の毎日の最終価格の月平均額をそのまま採用することは適当でないので，各月の最終価格の月平均額についての特例が設けられ，次のとおりその求め方が定められています（評基通172）。

（１）　課税時期が株式の割当て等の基準日以前で，次の（２）に該当しない場合

　その月の初日からその権利落等の日の前日（配当落の場合にあっては，その月の末日）までの毎日の最終価格の平均額（いわゆる株式の割当てを受ける権利を含む価格の平均によります。次の（２）においても同じ。）。

（２）　課税時期が株式の割当て等の基準日以前で，その権利落等の日が課税時期の属する月の初日以前である場合

　　次の算式によって計算した金額（配当落の場合にあっては，課税時期の属する月の初日から末日までの毎日の最終価格の平均額）。

$$\begin{array}{l} \text{課税時期の属す} \\ \text{る月の最終価格} \\ \text{の月平均額} \end{array} \times \left(\begin{array}{l} \text{株式1株に対する} \\ 1 + \text{株式の割当株式数} \\ \text{又は交付株式数} \end{array}\right) \begin{array}{l} \text{割当てを受けた} \\ - \text{株式1株につき} \\ \text{払い込むべき金額} \end{array} \times \begin{array}{l} \text{株式1株に} \\ \text{対する割当} \\ \text{株式数} \end{array}$$

（3）　課税時期が株式の割当て等の基準日の翌日以後である場合

①　課税時期の属する月に権利落等があり課税時期がその株式の割当等の基準日の翌日以後である場合

　イ　課税時期の属する月の最終価格の月平均額

　　権利落等の日（配当落の場合にあっては，その月の初日）から課税時期の属する月の末日までの毎日の最終価格の平均額

　ロ　前月及び前々月の最終価格の平均額⇒次の算式による修正金額

$$\left(\begin{array}{l} \text{その月の} \\ \text{最終価格の} \\ \text{月平均額} \end{array} + \begin{array}{l} \text{割当てを受けた} \\ \text{株式1株につき} \\ \text{払い込むべき金額} \end{array} \times \begin{array}{l} \text{株式1株に} \\ \text{対する割当} \\ \text{株式数} \end{array}\right) \div \left(\begin{array}{l} \text{株式1株に対する} \\ 1 + \text{割当株式数又は交} \\ \text{付株式数} \end{array}\right)$$

②　課税時期の属する月の前月中又は前々月中に権利落等があり課税時期がその株式の割当て等の基準日の翌日以後である場合

　イ　新株権利落の日が属する月の最終価格の月平均額

　　上記①イに同じ。

　ロ　その前月の最終価格の月平均額

　　上記①ロに同じ。

　ハ　権利落があった翌月以後の各月の最終価格の月平均額

　　その月中の月平均額

　なお，このような場合の各月の最終価格の月平均額については，上場株式の評価明細書で権利落前の終値の平均額とその月の平均額（□表示）とを併記します。

　また，この「月平均額の特例」については，権利落があった場合についてのみ適用することとし，配当落があった場合には適用がありません。

　なぜなら，配当落があった場合にも株式とは別に配当期待権が独立して課税対象となるので，権利落の場合と同様に月平均額を修正すべきですが，①月初

から配当落の日の前日までと，配当落の日から月末までの平均額を算出するということは，極めて煩瑣であること，②上場株式の配当利回りは1％程度と低く配当落の金額はそれからみてもわずかなものであること，③配当金交付の基準日は，通常月末であるために仮に月初から配当落の前日までの平均額を求めてみても，その金額の月平均額との差はごく僅少のものとなるなどの理由から，実務上の便宜を考慮し，配当落の場合には，課税時期が配当金交付の基準日の前後いずれにある場合でも，その前後で区分することを行わず，月初から月末までの月平均額によることとしています。

（ 法令・通達 ）　評基通172(1)(2)(3)(4)

解説 ···

1　事例1

図表118－1のような事例において，課税時期の属する最終価格の月平均額等を示すと，課税時期の属する最終価格の月平均額＝340円（課税時期においては，株式の割当てを受ける権利を含む株式であるため，権利落する前の最終価格の平均額によります。），前月の月平均額＝334円，前々月の月平均額＝325円となります。

【図表118－1】

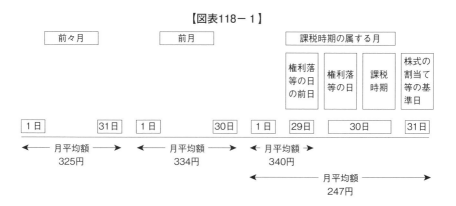

2　事例2

　図表118－2のような事例において，課税時期の属する最終価格の月平均額等を示すと，課税時期の属する最終価格の月平均額＝325円（262円×（1＋0.3）－（50円×0.3）＝325円）となります。

【図表118－2】

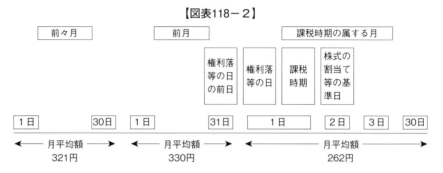

（株式の割当条件）
1　割当株式数　株式1株に対し株式0.3株
2　株式1株に対し払い込むべき金額　50円

3　事例3

　図表118－3のような事例において，課税時期の属する最終価格の月平均額等を示すと，課税時期の属する最終価格の月平均額＝230円，前月の月平均額＝219円（（270円＋50円×0.3）÷（1＋0.3）），前々月の月平均額＝223円（（275円＋50円×0.3）÷（1＋0.3））となります。

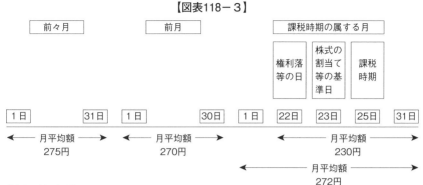

【図表118－3】

（株式の割当条件）
1　割当株式数　株式1株に対し株式0.3株
2　株式1株に対し払い込むべき金額　50円

4　事例4

　図表118－4のような事例において，課税時期の属する最終価格の月平均額
等を示すと，課税時期の属する最終価格の月平均額＝321円，前月の月平均額
＝338円（権利落等の日以後の平均額），前々月の月平均額＝330円（（471円＋
50円×0.5）÷（1＋0.5））となります。

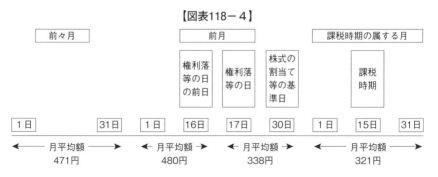

【図表118－4】

（株式の割当条件）
1　割当株式数　株式1株に対し株式0.5株
2　株式1株に対し払い込むべき金額　50円

Ⅲ　気配相場等のある株式

Q119　気配相場のある株式

財産評価基本通達では，気配相場のある株式の種類及び種類ごとの評価方式
はどのように定められているのでしょうか。

A　気配相場のある株式とは，登録銘柄及び店頭管理銘柄並びに公開途上に
ある株式をいいます。評価方法は各々次のとおりです。

解説 ··

1　登録銘柄及び店頭管理銘柄

(1)　通常の評価方法

　登録銘柄及び店頭管理銘柄の価額は，日本証券業協会の公表する取引価格
（その取引価格が高値と安値の双方について公表されている場合には，その平
均額）により上場株式とほぼ同様に次の①から④のうち最も低い価額によって
評価します（評基通174(1)）。

①　課税時期における取引価格（「高値」と「安値」がある場合にはその平均
　額）

②　課税時期の属する月の毎日の取引価格の月平均額（以下「取引価格の月平
　均額」という。）

③　課税時期の属する月の前月の取引価格の月平均額

④　課税時期の属する月の前々月の取引価格の月平均額

(2)　評価方法の趣旨

　登録銘柄，店頭管理銘柄の毎日の取引価格は「証券新聞」等に掲載されてい
ます。登録銘柄・店頭管理銘柄についても「終値」という表示で取引価格を掲

載している新聞もありますが，午後３時現在（又は直近）の取引価格を指すものです。登録銘柄等の店頭株については，午後３時以後も証券会社の営業時間中は取引が行われ上場株式の「終値」とは異なっていることから，株式の評価においてもこれに対応して上場株式とは取扱いを異にしている点に注意が必要です。

（3）　負担付贈与等により取得した登録銘柄及び店頭管理銘柄の評価方法

　課税時期の取引価格（「高値」と「安値」がある場合にはその平均額）により評価します（評基通174(1)ロ）。

2　公開途上にある株式

　公開途上にある株式とは，金融商品取引所が株式の上場を承認したことを明らかにした日から上場の日の前日までのその株式（登録銘柄を除く。）及び日本証券業協会が株式を登録銘柄として登録することを明らかにした日から登録の日の前日までのその株式（店頭管理銘柄を除く。）をいいます（評基通168(2)ロ）。

（1）　公募等が行われる場合

　株式の上場又は登録に際して，株式の公募又は売出し（以下この項において「公募等」といいます。）が行われる場合における公開途上にある株式の価額は，その株式の公開価格（金融商品取引所又は日本証券業協会の内規によって行われるブックビルディング方式又は競争入札方式のいずれかの方式により決定される公募等の価格をいいます。）によって評価します（評基通174(2)イ）。

（2）　評価方法の趣旨

　株式の公開とは，会社が広く一般投資家にその会社への投資機会を提供することをいいます。株式の公開価格の決定方式としては，一般競争入札方式とブックビルディング方式がありますが，現在は，ブックビルディング方式によ

る株式公開が主流となっています。

ブックビルディング方式とは，発行会社が希望する発行価格をもとに，機関投資家の意見も参考にして，一定の株価範囲である仮条件（price range）がまず設定され，引受幹事証券会社（発行会社との間で投資家への公開株式販売を引き受けた証券会社）を通じて，投資家に仮需要を積み上げてもらい，その需要状況や上場までの価格変動リスクを勘案して，公開価格を決定する方式です。

平成元年4月に導入された入札方式については，一般投資家による入札結果に基づき公開価格が決定されることから，価格が高くなりやすく公開後株価が下落し，株式の円滑な流通に支障をきたす等の問題点が指摘されることとなり，平成9年9月にブックビルディング方式が導入されることとなりました。どちらの方式を採用するかの選択は可能ですが，ブックビルディング方式が導入されて以降，入札方式はほぼ実施されていません。

一般競争入札方式やブックビルディング方式により決定される公開価格は，客観的な市場価格と認められるので，公開途上にある株式の価額は，公開価格によって評価することとされています。

金融商品取引所が株式の上場を承認したことを明らかにした日から上場までの公開手続きは，①想定発行価格決定，②上場承認（有価証券届出書の提出），③プレ・マーケティング，④仮条件価格帯の決定，⑤訂正届出書（1）提出，⑥ブックビルディング，⑦公開価格の決定，⑧訂正届出書（2）提出，⑨申込期間，⑩上場という流れを踏みます。

主幹事証券が①の想定発行価格を決定してから公開価格の決定までおおよそ1ヶ月かかりますが，公開価格の決定前においても，株式公開の公表後はその株式の公開性は原則として保証されており，実質的な価値には変わりはないと考えられるので，金融商品取引所が株式の上場を承認したことを明らかにした日から上場の日の前日までの全期間を通じて公開価格によって評価するものとされています。

（3）　公募等が行われない場合

　株式の上場又は登録に際して，公募等が行われない場合がまれにあります。このような公開途上にある株式の価額は，課税時期以前の取引価格等を勘案して個別に評価します（評基通174(2)ロ）。

スタッフへのアドバイス

上場株式評価の例外

　上場株式は課税時期の最終価格と課税時期の属する月以前3ヶ月分の最終価格の月平均額の4つの価額のうちで最も低い価額で評価しますが，そのような評価ができない場合があります。どのようなケースでしょうか。

　個人間の対価を伴う取引で低額譲受となる場合，安価で取得したことに対する経済的利益（得をした部分）には贈与税が課税されます。この時の取得した株式の評価は，その株式の金融商品取引所の公表する課税時期の最終価格によって評価しなくてはなりません。

　負担付贈与（財産をあげる代わりに債務も引き継ぐというような贈与のこと）により取得した場合も同様に，最終価格の月平均額で評価することはできません（Q111）。

【図表119-1】公開価格決定のプロセスの概要

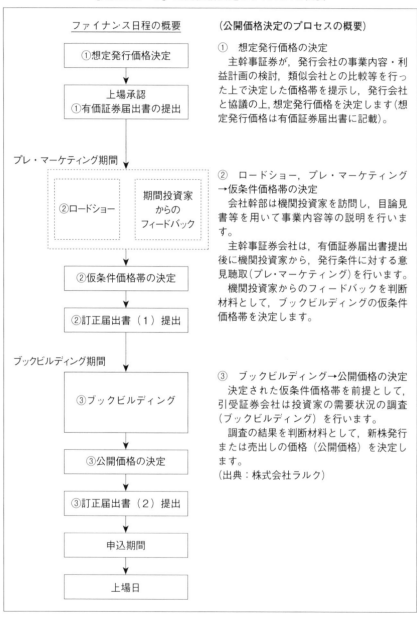

ファイナンス日程の概要

- ①想定発行価格決定
- 上場承認
  ①有価証券届出書の提出

プレ・マーケティング期間

- ②ロードショー
- 期間投資家からのフィードバック
- ②仮条件価格帯の決定
- ②訂正届出書（1）提出

ブックビルディング期間

- ③ブックビルディング
- ③公開価格の決定
- ③訂正届出書（2）提出
- 申込期間
- 上場日

（公開価格決定のプロセスの概要）

① 想定発行価格の決定

主幹事証券が，発行会社の事業内容・利益計画の検討，類似会社との比較等を行った上で決定した価格帯を提示し，発行会社と協議の上,想定発行価格を決定します(想定発行価格は有価証券届出書に記載)。

② ロードショー，プレ・マーケティング→仮条件価格帯の決定

会社幹部は機関投資家を訪問し，目論見書等を用いて事業内容等の説明を行います。

主幹事証券会社は，有価証券届出書提出後に機関投資家から，発行条件に対する意見聴取（プレ・マーケティング）を行います。

機関投資家からのフィードバックを判断材料として，ブックビルディングの仮条件価格帯を決定します。

③ ブックビルディング→公開価格の決定

決定された仮条件価格帯を前提として，引受証券会社は投資家の需要状況の調査（ブックビルディング）を行います。

調査の結果を判断材料として，新株発行または売出しの価格（公開価格）を決定します。
（出典：株式会社ラルク）

Q 120　気配相場等のある株式の取引価格の特例

気配相場等のある株式についても権利落等の日に関する最終価格の特例及び
月平均額の特例があるのでしょうか。

A　気配相場等のある株式のうち，登録銘柄及び店頭管理銘柄については，
次のような取引価格の特例及び評価の特例の定めがあります。

（１）　取引価格の特例

①　課税時期が権利落等の日から株式の割当て等の基準日までの間にある場合
　　採用すべき権利落等の日の前日以前の取引価格（課税時期の属する月以前
３ヶ月以内のもの）のうち，課税時期に最も近い日の取引価格で評価します
（評基通175）。

②　課税時期に取引価格がない場合

　イ　課税時期に取引価格がない場合には，課税時期の前日以前の取引価格の
　　うち，課税時期に最も近い日の取引価格（課税時期の属する月以前３ヶ月
　　以内のものに限る。）を採用します（評基通176(1)）。

　ロ　課税時期が株式の割当て等の基準日の翌日以後で，かつ，課税時期の前
　　日以前の取引価格のうち，課税時期に最も近い日の取引価格（課税時期の
　　属する月以前３ヶ月以内のものに限る。）がその基準日に係る権利落等の
　　日の前日以前のものである場合（評基通176(2)）

　　（イ）　課税時期に最も近い日の取引価格が権利落の日の前日以前のもので
　　　ある場合

　　　次の算式で評価します。

$$\left(\begin{array}{l}課税時期に\\最も近い日\\の取引価格\end{array} + \begin{array}{l}割当てを受けた\\株式１株につき\\払い込むべき金額\end{array} \times \begin{array}{l}株式１株に\\対する割当\\株式数\end{array}\right) \div \left(\begin{array}{l}株式１株に対する\\1 ＋ 割当株式数又は交\\付株式数\end{array}\right)$$

（計算例）

　　　課税時期に最も近い日の取引価格＝98円（額面50円）

① 株式の割当内容 = 1 : 0.6（有償）の場合

（98円 + 50円 × 0.6）÷（1 + 0.6）= 80円

② 株式の交付内容 = 1 : 0.4（無償）の場合

98円 ÷（1 + 0.6）= 61.25円

（ロ）　課税時期に最も近い日の取引価格が配当落の日の前日以前のものである場合

　　次の算式で評価します。

| 課税時期に最も近い日の取引価格 | − | 株式1株に対する予想配当の額 |

ハ　上記イ及びロにも該当せず，課税時期の取引価格として採用すべきものがない場合

　　既述の「3ヶ月」又は「1ヶ月」という限定をせずに「課税時期以前」の取引価格等を勘案して個別にその株式を評価します（評基通177）。

（2）　登録銘柄及び店頭管理銘柄の取引価格の月平均額の特例

　課税時期の属する月以前3ヶ月間に権利落等がある場合については，財産評価基本通達172を準用して評価します（評基通177−2）。

Ⅳ 配当期待権がある場合の株価の修正及び配当期待権の評価

Q 121 配当金交付の効力が発生している場合の株価の修正

評価会社に配当がある場合には，類似業種比準価額等の修正が必要と承知しています。相続が発生したため株式の評価を行いましたが，仮決算を行っていないため，評価明細書の第5表（純資産価額）の負債の部に未納固定資産税等とともに未払の配当金を計上しました。ところが，この未払の配当金の計上が税務調査で否認されました。以前に贈与した際の評価明細書の第5表でも同様に未払の配当金が計上されていましたが，これは是認されています。どうしてこのような違いが生じるのでしょうか？

なお，否認された相続時の株式評価について，配当交付基準日（直前期末）は3月末日で課税時期（相続開始日）は4月×日，配当金交付の効力発生日（株主総会決議日）は6月〇日でした。

A 　お尋ねの相続のケースは課税時期が交付基準日と効力発生日の間であるため，第5表で未払配当金の計上をすることはできません。

この場合，第3表又は第6表（株価の計算）において株式の価額を配当落株価に修正した上で，配当期待権を評価することになります。

解説 ··

1 配当がある場合の株価等の修正方法は，課税時期が効力発生前か後かで異なる

剰余金の配当がある場合の株価の修正については，次のとおり，課税時期が配当金交付の効力発生前か後かで異なります。

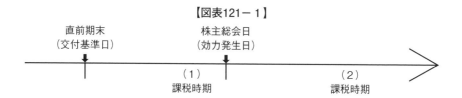

【図表121－1】

（1） 課税時期が直前期末から効力発生前である場合

　第３表又は第６表（株価の計算）で株式の価額を配当落株価に修正します。加えて，配当期待権を評価します。

（2） 課税時期において配当金交付の効力が発生している場合

　第４表（類似業種比準価額）において類似業種比準価額を配当落価額に修正します。第５表（純資産価額）については，仮決算を行う場合は修正しませんが，仮決算を行わない場合は"配当金"を負債に計上します。

　なお，この場合の配当金は，未収配当金又は現預金等の支払済み配当金の変形資産として，遺産に含まれあるいは贈与者に留保されています。

　この（2）の場合に，第５表（純資産価額）の修正計算が必要か否かは，仮決算が行われているか否かによります。この関係を図示しますと**図表121－2**のようになります。

2　事例の場合

　お尋ねのケースは上記１でいう課税時期が（1）のケースです。この（1）のケースでは，直前期末を基準日とする配当は課税時期において未確定であるため，図示のとおり，第５表で修正計算をすることはできません。にもかかわらず，第５表（純資産価額）で配当金を負債に計上していたため否認されたということになります。

【図表121－2】

		直前期末 （交付基準日）　課税時期（1）	株主総会日 （効力発生日）　課税時期（2）
原則的評価方式による価額 （第3表）		①株価の修正 （権利落株価への修正） ②配当期待権の評価	修正計算不要
類似業種比準価額 （第4表）		修正計算不要	比準価額の修正（第4表） →常に直前期末が評価基準日のため，配当落前の価額になっている →配当落株価へ修正
純資産価額 （第5表）	仮決算を行う場合	修正計算不要	修正計算不要
	仮決算を行わない場合	修正計算不要	課税時期までに確定した配当金を負債計上（第5表） （既払い，未払いを問わない） →直前期末を基準とした場合，権利含み（配当落前）の価額になっている →配当落株価へ修正

　贈与の際の評価については，課税時期が（2）のケースで仮決算を行っていなかったため，第5表（純資産価額）における配当金の負債計上が是認されたということになります。

3　配当期待権の評価

（1）　配当期待権とは

　配当期待権の価額は，

> 予想配当の金額　－　源泉徴収されるべき所得税の額に相当する金額

により評価します（評基通193）。

　"源泉徴収されるべき所得税"には復興特別所得税及び住民税も含むと解されます。

　端的にいえば，相続開始前に確定したが未収である配当金は未収配当金であるのに対して，基準日後未確定の配当金については，配当期待権として相続税

の課税対象とされているということになります。

（2）　株式に関する権利とは

　配当期待権は「株式に関する権利」の1つとされています。「株式に関する権利」とは，株式ではないが配当や増資の際に株式に関連して生ずる権利とされています。「株式に関する権利」が発生している場合，株式の価額をこれらの権利の価額を控除した額に修正するとともに，別途これらの権利を評価することとされています。

　「株式に関する権利」として，財産評価基本通達では次のとおり区分しています（評基通168）。

①　株式の割当てを受ける権利

②　株主となる権利

③　株式無償交付期待権

④　配当期待権

⑤　ストックオプション

（3）　配当期待権に対する所得税

　配当期待権に対応する配当金は相続開始後に確定するため，これに係る配当所得は相続人の所得となります。

　つまり，相続税も課税された上で所得税も課税される扱いとなっています。

　相続税の課税対象となる生命保険年金に所得税も課税されることについては，これを違法な二重課税であるとする最高裁判決（平22.7.6）を受けて取扱いが変更されましたが，配当（期待権）や利子（既経過利息），満期保険金（生命保険契約に関する権利）等については従来通りの扱いとなっています。

　政府としては，生命保険年金以外は本判決の射程外であり二重課税の問題はないとの立場（平22.10.22「最高裁判決研究会」の報告書）で現状を追認する法改正（所法67の4）を行い現在に至っています。

V 種類株式の評価

Q 122 無議決権株式の評価

今般，会社の創業者である祖父が亡くなり，遺言に従って無議決権株式を相続することになりました。

無議決権株式の評価についてですが，評価額が普通株式よりも低くなると説明を受けました。ところが，無議決権株式の評価額は普通株式と同じであるといわれることもあり，どうなっているのかよくわかりません。

祖父は発行済株式のすべて（100株）を所有していましたが，このうち（議決権に制限のない）普通株式25株は祖父の長男が相続します。残りの無議決権株式75株については，祖父の次男，祖父の三男，そして祖父の亡長女の子である私がそれぞれ25株ずつ相続します。なお，会社の役員（評基通188(2)に規定する役員（及び相続税の法定申告期限までに役員となる者））に就任しているのは祖父の長男だけです。

【図表122－1】

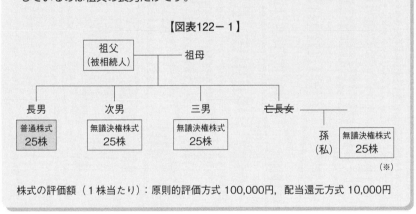

株式の評価額（1株当たり）：原則的評価方式 100,000円，配当還元方式 10,000円

A お尋ねの場合は，株価が低い方の価額で評価されます。

相続した株式が普通株式や議決権に一部制限がある株式であれば原則的評価方式による価額（1株100,000円）が採用されていましたが，今回ご相続された株式は無議決権株式であるため，配当還元方式による評価（1株10,000円）

が採用されます。

● なお，普通株式を相続した長男はもとより，同様に無議決権株式を相続した
次男及び三男については配当還元方式による評価（1株10,000円）を採用す
ることができず，原則的評価方式による価額（1株100,000円）により取得
した株式が評価されます。

● ただし，次男及び三男が取得した株式については5％の評価減を行った上，
この金額を長男の株式の価額に加算して申告することも認められます。

解説 ....

1　無議決権株式の評価方式

（1）　株式評価における同族株主の判定

　財産評価基本通達における同族株主（原則的評価方式が適用される同族株
主）の判定，すなわち，特例的評価方式（配当還元方式）を採用できるか否か
の判定は，持株割合ではなく議決権割合により判定することとされています。

（2）　議決権制限株式と無議決権株式

　種類株式の1つに，「議決権制限株式」があります。「議決権制限株式」とは，
例えば役員の選任など，株主総会において議決権を行使することができる事項
について制限がある株式です。

　「議決権制限株式」には，

①　全部の事項について議決権を行使できない「無議決権株式」と

②　一部の事項について議決権を行使できない株式

があります。

（3）「無議決権株式」に係る議決権の数及び議決権総数の判定

①　「無議決権株式」に係る議決権の数については，配当還元方式の採用を判
定する際の議決権の数及び議決権総数に含めません。

　これに対して，

② 「"無議決権株式"以外の議決権制限株式」（種類株式のうち株主総会の一部の事項について議決権を行使できない株式）に係る議決権の数については，配当還元方式の採用を判定する際の議決権の数及び議決権総数に含まれます（評基通188－5）。

2　無議決権株式の評価

（1）　無議決権株式の評価の原則

原則的評価方式が適用される同族株主が取得した無議決権株式については，原則として議決権の有無を考慮せずに評価します。つまり，議決権がなくても普通株式と評価額に差異は生じないことになります。

（2）　無議決権株式の評価における調整計算の選択

株式の価値は，通常，議決権の有無によって差が生じると考えられます。原則的評価方式が適用される同族株主が無議決権株式（社債類似株式を除く。）を相続又は遺贈により取得した場合において，次のすべての要件を満たすときは，上記（1）により原則的評価方式で評価した金額からその5％を控除した金額で評価するとともに，その控除した5％相当額をその相続又は遺贈により同族株主が取得したその会社の議決権株式の価額に加算して評価することもできます。

【調整計算の選択条件】

イ　当該会社の株式について，相続税の法定申告期限までに，遺産分割協議が確定していること。

ロ　その相続又は遺贈により，その会社の株式を取得したすべての同族株主から，相続税の法定申告期限までに，上記（2）の調整計算を行うことについての届出書が所轄税務署長に提出されていること。

ハ　その相続税の申告にあたり，評価明細書に，調整計算の算式に基づく無議決権株式及び議決権株式の評価額の算定根拠を適宜の様式に記載し，添付し

ていること。

【調整計算の算式】

無議決権株式の評価額（単価） ＝ A × 0.95

議決権のある株式への加算額 ＝（A × 無議決権株式総数[注1] × 0.05）… X

議決権のある株式への評価額 ＝（B × 議決権のある株式総数[注1] ＋ X）÷ 議決権のある株式総数[注1]

A：調整計算前の無議決権株式の1株当たりの評価額

B：調整計算前の議決権株式の1株当たりの評価額

（注1） 「株式総数」は，同族株主がその相続又は遺贈により取得したその株式の総数をいいます（配当還元方式により評価する株式及び社債類似株式を除く。）。

（注2） A・Bについては，その会社が社債類似株式を発行している場合には社債類似株式を社債として，議決権株式及び無議決権株式を評価した後の評価額。

3 事例の場合

評価方式の判定ですが，次男と三男は兄弟である長男が議決権のすべてを取得しているために中心的な同族株主（**Q21**参照）に該当し，配当還元方式は採用されません。

あなたは筆頭株主グループに属する同族株主に該当し，無議決権株式のみを所有しているため議決権割合は5％未満と判定されること，なおかつ，役員（評基通188(2)に規定する役員（及び相続税の法定申告期限までに役員となる者））に該当しないところまでは次男及び三男と同じです。ところが，あなたの場合は次男及び三男とは異なり，議決権のすべてを有する長男とは伯父・姪の関係ですので，あなたは中心的な同族株主に該当しません。したがって，あなたが相続した株式は配当還元方式により評価することになります。

なお，原則的評価方式が適用される同族株主（次男及び三男）が取得した無議決権株式は，原則，議決権の有無を考慮せずに評価しますが，一定の要件を満たせば5％相当額を控除し長男へ加算する調整計算を選択することもできま

す。

　参考までに，次男及び三男が相続した株式について，それぞれ次男及び三男
の子（被相続人の孫）に遺贈されていた場合を考えますと，あなたの場合と同
様に，それぞれが取得した無議決権株式は配当還元方式により評価されること
になります（次男及び三男の子が遺贈を受けた場合はそれぞれ相続税の2割加
算の適用があります。）。

4　種類株式とは

　株式会社は下記の①から⑨に掲げる事項について異なる定めをした内容の異
なる2以上の種類の株式を発行することができるとされています（会社法108）。

① **剰余金の配当**

　（剰余金配当優先・劣後株式）

② **残余財産の分配**

　（残余財産分配優先・劣後株式）

③ **株主総会において議決権を行使することができる事項**

　（議決権制限株式）

④ **譲渡によるその種類の株式の取得についてその株式会社の承認を要するこ
と**

　（譲渡制限株式）

⑤ **その種類の株式について，株主がその株式会社に対してその取得を請求す
ることができること**

　（取得請求権付株式）

⑥ **その種類の株式について，その株式会社が一定の事由が生じたことを条件
としてこれを取得することができること**

　（取得条項付株式）

⑦ **その種類の株式について，その株式会社が株主総会の決議によってその全
部を取得すること**

　（全部取得条項付種類株式）

⑧　株主総会（取締役会設置会社にあっては株主総会又は取締役会，清算人設置会社（会社法478⑥）にあっては株主総会又は清算人会）において決議すべき事項のうち，その決議のほか，その種類の株式の種類株主を構成員とする種類株主総会の決議があることを必要とするもの

（拒否権付株式）

⑨　その種類の株式の種類株主を構成員とする種類株主総会において取締役又は監査役を選任すること

（取締役・監査役選任権付株式）

　下記の種類株式で原則的評価方式が適用される同族株主等が取得したものについては，国税庁より評価方法が示されています。(注)

（1）　配当優先の無議決権株式

（2）　社債類似株式

（3）　拒否権付株式

（注）　平成19年2月26日付文書回答事例「相続により取得した種類株式等の評価について」

　　　平成19年3月9日付資産評価企画官情報第1号「種類株式の評価について」

【図表122−2】

（別　紙）

（　　枚中の　　枚目）

無議決権株式の評価の取扱いに係る選択届出書

令和　　年　　月　　日

＿＿＿＿＿＿税務署長　殿

住　所＿＿＿＿＿＿＿＿＿＿＿＿＿＿＿＿＿＿＿＿

氏　名＿＿＿＿＿＿＿＿＿＿＿＿＿＿＿＿＿＿印

住　所＿＿＿＿＿＿＿＿＿＿＿＿＿＿＿＿＿＿＿＿

氏　名＿＿＿＿＿＿＿＿＿＿＿＿＿＿＿＿＿＿印

住　所＿＿＿＿＿＿＿＿＿＿＿＿＿＿＿＿＿＿＿＿

氏　名＿＿＿＿＿＿＿＿＿＿＿＿＿＿＿＿＿＿印

（被相続人氏名）

　令和＿＿年＿＿月＿＿日に相続開始した被相続人＿＿＿＿＿＿＿＿＿＿＿に係る相続

（法人名）

税の申告において、相続又は遺贈により同族株主が取得した＿＿＿＿＿＿＿＿＿＿＿＿の

発行する無議決権株式の価額について、この評価減の取扱いを適用する前の評価額からそ

の価額に５パーセントを乗じて計算した金額を控除した金額により評価するとともに、当

該控除した金額を当該相続又は遺贈により同族株主が取得した当該会社の議決権のある株

式の価額に加算して申告することを選択することについて届出します。

Ⅵ 出資の評価

Q 123 持分会社の出資
持分会社の出資の評価はどのようにするのですか。

A 会社法では，合名会社，合資会社又は合同会社といった種類の会社（以下，持分会社といいます。）についても規定しています（会社法575）。この持分会社に対する出資の価額は，取引相場のない株式の評価方法に準じて評価します（評基通194）。

ただし，合名会社の社員及び合資会社の無限責任社員は死亡により退社（会社法607①三）することになりますので，社員が死亡した場合には相続人が当該社員の持分を承継するという定款の定め（会社法608①）がなければ，出資持分の払戻しを受けることになり（会社法611①），その場合の課税財産は持分会社の出資の価額ではなく，持分の払戻請求権となります。持分の払戻請求権の評価額は，課税時期における純資産価額により評価します。定款の定めを確認することが肝要です。

なお，会社法施行後有限会社は新規設立できなくなりました。そして，会社法施行前に設立された有限会社は，株式会社として扱われます（会社法の施行に伴う関係法律の整備等に関する法律2）ので有限会社の出資は，株式として評価します。

Q 124 医療法人の出資
医療法人の出資はどのように評価するのですか。

A 医療法人の評価は，評価が必要な法人と不要な法人があります。具体的

には次のとおりです。

（1）　医療法人の出資の評価

　医療法人は，医療法第39条に定められた形態で，分類，相続税法上の評価の必要性は次のとおりです。

【図表124－1】医療法人の分類と評価

	分　類		評価の必要性
医療法人	財　団	持分概念なし	不　要
	社　団	持分なし	不　要
		持分あり	要

※　平成19年4月の医療法改正により，持分の定めのある医療法人は設立できなくなりました。

　上記により評価の必要な医療法人の出資の評価は，取引相場のない株式の評価方法に準じて行います（評基通194－2）。

　ただし，医療法人は剰余金の配当が禁止されている（医療法54）ため，配当還元方式（評基通188－2）の適用はありませんので，原則的評価方式により評価することになります。

　また，医療法人は各社員の議決権が平等であることから，同族株主の判定をする必要はありませんので，それらの規定（評基通188，188－3，188－4，188－5，188－6）の適用はありません。

（2）　医療法人の出資の評価の業種目の判定

　医療法人は，医療法上剰余金の配当が禁止されているなど，会社法上の会社とは異なる特色を有しています。

　このような医療法人の出資を類似業種比準方式により評価するとした場合，類似する業種目が見当たらないことから，業種目を「**その他の産業**」として評価することになります。

　なお，取引相場のない株式（出資）を評価する場合の会社規模区分（大，中，

小会社の区分）については，医療法人そのものはあくまで「サービス業」の一種と考えられることから，「**小売・サービス業**」に該当することになります（国税庁ホームページ質疑応答事例）。

（3）　類似業種比準価額

　類似業種比準価額の求め方は評基通180に定めがあり，「1株当たりの配当金額」「1株当たりの年利益金額」「1株当たりの純資産価額」の3要素により求めるのですが，医療法人には配当がないことから比準要素のうち「1株当たりの配当金額」の要素がありませんのでこれを除外し，次の算式により計算します（評基通194－2）。

$$A \times \left(\dfrac{\dfrac{Ⓒ}{C} + \dfrac{Ⓓ}{D}}{2} \right) \times 0.7$$

　上記算式中の「A」，「Ⓒ」，「Ⓓ」，「C」及び「D」は，それぞれ次によります。

「A」＝類似業種の株価

「Ⓒ」＝医療法人の1株当たりの利益金額

「Ⓓ」＝医療法人の1株当たりの純資産価額（帳簿価額によって計算した金額）

「C」＝類似業種の1株当たりの年利益金額

「D」＝類似業種の1株当たりの純資産価額（帳簿価額によって計算した金額）

　ただし，上記算式中の「0.7」は，評基通178《取引相場のない株式の評価上の区分》に定める中会社に相当する医療法人に対する出資を評価する場合には「0.6」，同項に定める小会社に相当する医療法人に対する出資を評価する場合には「0.5」とします。

　また，評価対象の医療法人が株式保有特定会社と判定され，「S_1+S_2」方式（評基通189－3）を準用する場合のS_1部分の類似業種比準価額の算式も次のようになります。

$$A \times \cfrac{\cfrac{ⓒ-ⓒ}{C} + \cfrac{Ⓓ-ⓓ}{D}}{2} \times 0.7$$

　ただし，上記算式中の「0.7」は，評基通178《取引相場のない株式の評価上の区分》に定める中会社に相当する医療法人に対する出資を評価する場合には「0.6」，同項に定める小会社に相当する医療法人に対する出資を評価する場合には「0.5」とします。

（4）　特定の評価会社の判定

　医療法人には配当がないことから比準要素のうち「1株当たりの配当金額」の要素がありませんので，比準要素数1の会社については次のとおり判定します。

●比準要素数1の会社

　課税時期の直前期末の「利益金額C_1」及び「純資産価額（帳簿価額によって計算した金額）D_1」のそれぞれの金額のうちいずれかが0であり，かつ，直前々期末を基準として，それぞれの金額を計算した場合に，いずれか1つ以上が0である場合に該当することになります。

（5）　純資産価額

　取引相場のない株式を評価する場合の純資産価額は株式所有者とその同族関係者の有する株式に係る議決権の合計が，評価会社の発行済議決権総数の50％以下である場合には純資産価額の80％で評価することができます（評基通185ただし書）が，医療法人は各社員の議決権が平等であることから，この適用はありません。

Q 125 農業協同組合等の出資

農業協同組合等の出資はどのように評価するのですか。

A 農業協同組合，漁業協同組合，信用金庫，信用組合等の出資の価額は，原則として払込済出資金額により評価します（評基通195）。

評基通195の定めは，農業協同組合のように，その組合の行う事業によって，その組合員及び会員のために最大の奉仕をすることを目的とし営利を目的として事業を行わない組合等に対する出資を評価するときに適用します（国税庁ホームページ質疑応答事例）。

Q 126 企業組合等の出資

企業組合等の出資はどのように評価するのですか。

A 企業組合，漁業生産組合，農事組合法人その他これに類する組合等に対する出資の価額は，課税時期におけるこれらの組合等の実情によりこれらの組合等の評基通185を準用して計算した純資産価額（相続税評価額によって計算した金額）を基として評価します（評基通196）。

この場合，株式所有者とその同族関係者の有する株式に係る議決権の合計が，評価会社の発行済議決権総数の50％以下である場合の純資産価額の20％の評価減（評基通185ただし書）の適用はありません。これは，企業組合等における議決権は議決権数に比例せず，平等とされているためです。

評基通196の定めは，それ自体が1個の企業体として営利を目的として事業を行うことができる組合等に対する出資を評価するときに適用します。

なお，協業組合については，組合ではあるが，相互扶助等の組合原則を徹底しているというよりは，会社制度の要素を多く取り込んでおり，その実態は持分会社に近似すると認められることから，同195，196の定めは適用せず，同

194の定めに準じて評価します。この場合において，財産評価基本通達185のただし書（株式所有者とその同族関係者の有する株式に係る議決権の合計が，評価会社の発行済議決権総数の50％以下である場合の純資産価額の20％の評価減）及び同188から188－5（配当還元方式，議決権数に関係する事項）までの定めは適用しません（国税庁ホームページ質疑応答事例）。

　また，企業組合の定款に「組合員を脱退した時は**出資額を限度として持分を払い戻すものとする**」といった規定をしていても，法律ではなく定款で規定されただけではいつでも変更できるので，評価は払込出資金額によるのではなく評基通196によるべきとした判決例があります。

スタッフへのアドバイス

取引相場のない株式の評価の留意点

　最後になってしまいましたが，こんなところも確認してください。
① **評価明細書の様式は評価年分に対応していますか**
　平成29年に大きく変更しています。
　財産評価基本通達の改正のみならず法人税等税率の改正等も織り込んで，様式はその都度更新されています。必ず，評価する年分に合った様式を使用してください。
② **法人の事業内容に変化はありませんか**
　例えば，工場跡地で不動産貸付等の事業をはじめたなど，製造業から不動産貸付業に業態がシフトしているなどということもあります。
③ **株主の構成を確認しましょう**
　贈与や相続で株主の構成が変わっていれば適正な評価はできません。

　法律や通達の改正，法人の業態，同族株主の異動状況など，前年と必ず変わっているはずですので，評価を始める前に最新の情報や資料を収集することが何より重要です。

【参考文献】

安達巧『非公開企業の株式評価におけるDCF方式定着化への課題判例にみる税法優位の現実』新潟国際情報大学情報文化学部紀要

浅妻章如「株式保有割合が25％を超える大会社が財産評価基本通達189の（2）にいう株式保有特定会社に該当しないとされた事例　東京地判平成24年3月2日」判時2180号

『改正税法のすべて（昭和54年〜令和元年版）』大蔵財務協会

企業会計基準委員会「株主資本等変動計算書に関する会計基準の適用指針」

企業会計基準委員会「貸借対照表の純資産の部の表示に関する会計基準等の適用指針」

国税庁「「財産評価基本通達」の一部改正（案）に対する意見公募手続の実施について」平成26年

国税庁「取引相場のない株式（出資）の評価明細書の記載方法等　令和元年10月1日以降用」

是枝俊悟『株式保有会社の相続税評価の緩和』大和総研

税大講本『相続税法』

武田昌輔監修『DHCコンメンタール相続税法』第一法規

井上浩二編『株式評価実務必携　令和元年11月改訂』納税協会連合会

北村厚『財産評価基本通達逐条解説（平成30年版）』大蔵財務協会

中小企業庁「経営承継法における非上場株式等評価ガイドライン」

西田圭吾「税法上の非上場株式の評価と会計基準における公正価値等との関係」

森富幸『取引相場のない株式の税務（第2版）』日本評論社

松橋昌男「事業承継推進のための課税に関する一考察」

松本好正「非上場株式の評価の仕方と記載例」大蔵財務協会

「日本取引所グループ規則集（2020年版）」日本取引所グループ

索　引

〔著者紹介〕

田中　耕司 （税理士）

国税局や税務署で主に相続税や譲渡所得の調査及び財産評価事務に23年従事，その間，国税不服審判所や調査部にも勤務経験のある上場企業や中小企業の会計実務，不服審査実務にも通じた資産税の専門家。金融商品や信託税制にも明るい税理士です。

小幡　博文 （税理士）

法人税・消費税・源泉所得税の専門家。国税局及び税務署で主に法人税・消費税・源泉所得税調査審理事務に37年従事。その間，税務大学校大阪研修所や国税局訟務官室にも勤務経験があり，不服申立て事務及び税務訴訟に関する事務にも明るい税理士です。

小島　公洋 （税理士）

システム会社で法人税申告システム開発に従事した経験を持ち情報工学にも詳しい税理士。税務会計，法人課税信託税務，企業評価，学校法人会計，社会保険事務等幅広いサービスを提供しています。

石垣　信一 （税理士）

国税局や税務署で主に相続税や譲渡所得などの調査，財産評価，国税徴収事務などに22年従事した事業承継や物納にも明るい資産税の専門家。一時，大蔵省大臣官房にも勤務していました。

石井　英行 （税理士）

法人税，所得税を中心に相続・贈与税についても明るいオールマイティーな税理士。銀行での法人融資業務担当の経験から，税務に限らず企業分野でのコンサルティングも得意分野です。

宮地　博子 （税理士）

国税局や税務署で主として相続税や譲渡所得調査に38年従事。土地評価の専門部門や法人税調査の勤務経験があり，幅広い税務の知識を持った専門家です。
1級ファイナンシャル・プランニング技能士

〔編著者紹介〕

JTMI　税理士法人　日本税務総研

国税局や税務署で相続税や法人税・消費税の調査を手がけてきた経験豊かな税理士を中心とした専門家集団。

大阪事務所：大阪府大阪市北区堂島１－５－30　堂島プラザビル５階
名古屋事務所：愛知県名古屋市中区栄３－15－33　栄ガスビル８階
東京事務所：東京都千代田区丸の内１－６－１　丸の内センタービル17階

税理士のための　相続税Q&A

株式の評価

2014年 9 月20日　　第 1 版第 1 刷発行	編著者　税理士法人 日本税務総研
2017年 9 月10日　　第 1 版第 4 刷発行	発行者　山　本　　　継
2020年10月 1 日　　改訂改題第 1 刷発行	発行所　㈱ 中 央 経 済 社
	発売元　㈱中央経済グループ パ ブ リ ッ シ ン グ

〒101-0051　東京都千代田区神田神保町1-31-2
電話　03（3293）3371（編集代表）
　　　03（3293）3381（営業代表）
http://www.chuokeizai.co.jp/
印刷／昭和情報プロセス㈱
製本／㈲井 上 製 本 所

© 2020
Printed in Japan

＊頁の「欠落」や「順序違い」などがありましたらお取り替えいたしますので発売元までご送付ください。（送料小社負担）
ISBN978-4-502-36181-4　C3034

会計全書 令和2年度

金子　宏・斎藤静樹 監修
日本税理士会連合会 推薦

会計法規編、会社税務法規編、個人税務法規編の3分冊で構成された日本を代表する会計税務の基準・法令集。令和2年6月1日現在の基準、法令規、通達等を完全フォロー。
企業経理部や会計事務所の日々の実務を強力にサポートする宝典。

（菊判・8544頁）定価 本体17,000円＋税

税務経理ハンドブック
令和2年度版

日本税理士会連合会 編

会社経理部に欠かせない税務・会計のコンパクト便覧。令和2年6月1日現在の法令、通達、諸基準を項目ごとに整理して解説。これ1冊あれば、顧問先の質問に十分応えられる税理士の強い味方。別冊付録として、「令和2年度主要税制改正項目一覧表・新型コロナ感染対策の税制措置」付き。

（B6判・1190頁）定価 本体4,000円＋税

中央経済社